Konrad Paul Liessmann
Geisterstunde

PIPER

Zu diesem Buch

Konrad Paul Liessmann, der mit seinem Bestseller »Theorie der Unbildung« für erregte Debatten sorgte, lässt sich von den Phrasen und pseudorevolutionären Verkündigungen so wenig blenden wie von romantischen Bildungs-Vorstellungen und dem Fetisch des Wettbewerbs. Nach der Theorie wendet er sich nun der Praxis zu: Das, was sich aktuell in Klassenzimmern und Hörsälen, in Seminarräumen und Redaktionsstuben, in der virtuellen Welt und in der realen Politik abzeichnet, unterzieht er einer scharfen Kritik. Hinter der Polemik steht ein ernstes Anliegen: der Bildung und dem Wissen wieder eine Chance zu geben.

Konrad Paul Liessmann, geboren 1953 in Villach, ist Professor am Institut für Philosophie der Universität Wien, Essayist und Kulturpublizist. Neben zahlreichen Auszeichnungen erhielt er 2003 den Ehrenpreis des österreichischen Buchhandels für Toleranz im Denken und Handeln und 2010 den Donauland-Sachbuchpreis. Er ist Autor zahlreicher Bücher, darunter »Theorie der Unbildung«.

Konrad Paul Liessmann

Geisterstunde:
DIE PRAXIS
DER UNBILDUNG

Eine Streitschrift

PIPER

Mehr über unsere Autoren und Bücher:
www.piper.de

Von Konrad Paul Liessman liegen im Piper Verlag vor:
Theorie der Unbildung
Geisterstunde: Die Praxis der Unbildung

MIX
Papier aus verantwor-
tungsvollen Quellen
FSC® C083411

Ungekürzte Taschenbuchausgabe
ISBN 978-3-492-30850-2
1. Auflage März 2016
2. Auflage November 2017
Piper Verlag GmbH, München
© Paul Zsolnay Verlag Wien 2014
Alle Rechte vorbehalten
Umschlaggestaltung: semper smile, München
Umschlagabbildung: Masterfile (Royalty-Free Division),
plainpicture/NTB scanpix, shutterstock/Nadezda Grapes
Satz: Druckerei C.H. Beck, Nördlingen
Gesetzt aus der Adobe Garamond
Druck und Bindung: CPI books GmbH, Leck
Printed in the EU

INHALT

VORWORT 7
Warum Bildung nicht glücklich macht

1. PISA, PANIK UND BOLOGNA 12
Die Logik von Bildungskatastrophen

2. DER BILDUNGSEXPERTE 30
Zur Psychopathologie eines Sozialcharakters

3. KOMPETENTER UNGEIST 45
Das Verschwinden des Wissens

4. FÄCHERDÄMMERUNG 61
Die neue Disziplinlosigkeit

5. POWERPOINT-KARAOKE 78
Die Destruktion von Bildung durch ihre Simulation

6. WAS WEISS DAS NETZ? 89
An den Grenzen der Suchmaschinen

7. DIE ORALE PHASE ALS LEBENSPRINZIP 107
Zum Verhältnis von Konsum, Pädagogik
und Infantilisierung

8. PHILOSOPHIE DER SCHULE 118

Anmerkung zu einer Anmerkung Humboldts

9. LESELUST UND LESELEID 131

Analphabetismus als geheimes Bildungsziel

10. DIE DIKTATUR DER GESCHÄFTIGKEIT 149

Von der Käuflichkeit des Geistes

11. DIE TRÄNEN DER MUSE 166

Über die Schönheit des Nutzlosen

ANMERKUNGEN 182

VORWORT

Warum Bildung nicht glücklich macht

Bildung, so hört und liest man immer wieder, ist nicht nur die wichtigste Ressource für rohstoffarme Länder, sie erfüllt nicht nur die Bedürfnisse der Wirtschaft nach kompetenten und hochqualifizierten Arbeitskräften, sie gleicht nicht nur die sozialen Unterschiede der Menschen und die Nachteile der Migranten aus, sondern sie ist auch eine beständige Quelle des Glücks für den Einzelnen. Bildung ist, so sagt man gerne, die Voraussetzung für ein erfülltes, selbstbestimmtes und gelingendes Leben. Nur der Gebildete weiß seine Chancen zu nutzen, die Herausforderungen anzunehmen und seinem Leben einen zukunftsorientierten Sinn zu verleihen. Wie bei allen Phrasen besteht bei ihrem inflationären Gebrauch die Möglichkeit, dass sie nicht beim Wort genommen werden dürfen. Wie aber wäre es, wenn man einmal darüber nachdächte, inwiefern Bildung zum Glück der Menschen tatsächlich etwas beitragen kann? Diese Frage lässt sich nur beantworten, wenn man weiß, von welcher Bildung die Rede ist, welcher Bildungsbegriff dafür herangezogen wird. Wir wählen deshalb drei Varianten von Bildung aus und fragen nach deren Glückspotential.

Gesetzt den Fall, es gäbe noch in einem klassischen Sinn humanistisch gebildete Menschen. Könnten diese glücklich genannt werden? Oder müsste ihre Bildung nicht viel mehr als eine Quelle des Unglücks erscheinen? Denn wie sollten sie glücklich sein in einer Welt, die sie nicht mehr versteht und die alles verachtet, was ihnen wichtig ist – die toten Sprachen, den Kanon der klassischen Literaturen, profunde historische Kenntnisse, ein eurozentrisches Weltbild, das an den Idealen der Aufklärung festhält, ohne deshalb die antiken und religiösen Wurzeln dieser Kultur zu vergessen oder zu verachten, eine ästhetische Sensibilität, die an der Wertschätzung einer elaborierten Sprache und am Stil und an der Rhetorik der klassischen Vorbilder orientiert ist und deshalb an den Phrasen und Euphemismen der Politik, der Werbung und der Medien sofort deren Oberflächlichkeit, Verlogenheit und Gemeinheit erkennen könnte? Der Gebildete, so schrieb Friedrich Nietzsche, entwickelt einen veritablen Ekel vor den Falschheiten dieser Welt, vor allem vor der Sprache des Journalismus, einer Sprache, der mittlerweile niemand mehr entgehen kann und die durch die Gebote der politischen Korrektheit noch zusätzlich verhunzt wird. Wer aber möchte einen Menschen, der täglich von Ekel geschüttelt wird, glücklich nennen? Glück sieht anders aus.

Aber auch wenn wir den Bildungsbegriff modernisieren und, wie gerne geschehen, auf die Beherrschung der aktuell notwendigen Kulturtechniken und eine anspruchsvollere berufliche Ausbildung reduzieren, will sich das Glück nicht so recht einstellen. Denn wie sollten wir jemanden als glücklich bezeichnen, der ständig aufgefordert wird, seine Skills zu schulen und Kompetenzen zu erwerben, um im Wettbewerb bestehen zu können, der alles, was ihn neugierig machen könnte, auf seine Verwertbarkeit überprüfen muss, der ständig hört, wie viel an Bildungsballast er abwerfen solle, um für das Neue gerüstet zu sein, der täglich spürt, dass die Entwicklung und Entfaltung seiner Möglichkeiten und Fähigkeiten nur dem Ziel der ökonomischen Rentabilität dienen, der sich also immer in dieser Weise als fremdbestimmt erfahren wird? Vielleicht bleiben die Chancen auf einen Arbeitsplatz oder auf die richtige Platzierung der Ich-AG auf diese Weise halbwegs intakt. Das ist aber schon alles. Und im gar nicht so seltenen Ernstfall wird dieser Mensch die Erfahrung machen müssen, dass alle Bildungsanstrengung, alle Schulung, alle wundersame Kompetenzvermehrung wenig gefruchtet haben und der Arbeitgeber oder der Markt plötzlich ganz andere Dinge verlangen und wieder alles vergebens gewesen war. Und vor allem wird dieser Mensch den Eindruck bekommen, dass im Gegensatz zur herrschenden Bildungsideologie die großen und einträglichen Karrieren in der Wirtschaft und im Sport, in den Medien und im Show-Business ganz ohne Bildung möglich sind, und er wird sich betrogen fühlen. Glück sieht anders aus.

Aber sogar wenn wir annehmen, dass Bildung die entscheidende Möglichkeit ist, um kritisch und verantwortungsbewusst gestaltend an dieser Welt zu partizipieren, auch wenn wir unterstellen, dass Bildung zum mündigen Bürger führt, der sich seine eigene Urteilskraft bewahrt hat und deshalb resistent gegen die ideologischen Verlockungen und Verführungen aller Art ist, wird sich das Glück dadurch nicht einstellen. Denn nähmen wir diese Ansprüche ernst, wird Bildung vor allem Zweifel und Selbstzweifel bedeuten, eine Einsicht in die Unaufhebbarkeit von Ansprüchen und Wirklichkeiten, eine Auseinandersetzung mit sich ständig verändernden Werten, ein permanentes Eingeständnis des sokratischen Nichtwissens, das zu einer Verunsicherung führen wird, die im krassen Gegensatz zum auftrumpfenden Gebaren einer Gesellschaft der vermeintlich Hochbegabten und der selbsternannten und selbstgewissen neuen Eliten steht. Die Vorsicht, Skepsis und Bescheidenheit eines in dieser Weise Gebildeten würde ihn in einer Welt der gnadenlosen Selbstdarsteller und zutiefst Überzeugten zu einer einsamen und verunsicherten Figur machen. Glück sieht anders aus.

Natürlich gibt es eine Verbindung von Glück und Bildung. Aber die ist in unserer Zeit allen, ohne Ausnahme, verwehrt. Aristoteles hatte als höchstes Glück jene Muße bestimmt, die es den Menschen ermöglicht, in der kontemplativen Anschauung, im Wissen um seiner selbst willen, in der reinen Theorie, ohne Verwertungs- und Praxiszwang, jene Fähigkeiten zu entfalten, die allein den Menschen auszeichnen: die Freiheit und die Lust des Denkens, die Freiheit und die Lust am Erkennen, die Freiheit und die Lust am Verstehen, die Freiheit und die Lust am Schönen. Studenten, die schon im ersten Semester, bevor sie noch von den Wonnen der Theorie auch nur haben kosten dürfen, angehalten werden, die richtigen *credit points* zu sammeln und so schnell wie möglich ins erste Praktikum gehetzt werden, werden dann auch keine Chance haben zu erfahren, warum Bildung trotz allem manchmal doch auch glücklich machen kann.

Das aktuelle Glücksversprechen der Bildung ist ein falsches, weil es dabei weder um Bildung noch um Glück geht. Es geht, wenn überhaupt, um Abrichtung, Anpassung und Zufriedenheit durch Konsum. Was heute unter dem Titel Bildung firmiert, was von Bildungsjournalisten propagiert, was von Bildungsexperten verkündet, was von Bildungsforschern behauptet, was von Bildungspolitikern durchgesetzt, was an Schulen und Universitäten beworben wird, ist deren Gegenteil und Karikatur, eine Phrase, eine Schimäre, eine einzige riesige Sprechblase, ein Gespenst, das nicht um Mitternacht, sondern zur besten Unterrichtszeit sein Unwesen treibt: Geisterstunde! Die Konturen dieses Gespensts erinnern manchmal noch an die Idee der Bildung, die damit verbundenen Ansprüche und Verheißungen könnten wohltönender nicht sein, und doch verbirgt sich dahinter – nichts. Kein Wissen, keine Haltung, keine Kultur, kein Glück. Dieser Praxis der Unbildung, ihren

Erscheinungsformen und Tendenzen, ihrer Ideologie und Verblendung, ihren Wortführern und Propagandisten, ihren Exzessen und Absurditäten gilt die vorliegende Streitschrift.

Konrad Paul Liessmann   Wien, im Juli 2014

1. PISA, PANIK UND BOLOGNA

Die Logik von Bildungskatastrophen

Es ist gespenstisch: Zähneknirschend musste zu Beginn des Jahres 2014 das österreichische Institut für Bildungsforschung, das auch für Organisation und Durchführung der Pisa-Tests und der zentralen Reifeprüfung verantwortlich ist, ein »Datenleck« ungeheuren Ausmaßes einbekennen. Auf einem rumänischen Server waren unverschlüsselt die Daten von Schülern, Lehrern und die Testergebnisse aufgetaucht. Nach monatelanger Verzögerung reagierte das österreichische Bildungsministerium scharf: Der nächste Pisa-Test wurde kurzerhand abgesagt. Und nun das Erstaunliche: Anstatt eines erleichterten Aufatmens wurde die zuständige Ministerin mit Kritik überschüttet: Eine Schande sei dies für das Land, ohne internationale Vergleichstests gehe es mit der Bildung bergab, ja, auch ehemalige Pisa-Kritiker entdeckten nun plötzlich ihre Liebe zu Pisa und taten so, als würde sich Österreich aus der Gemeinschaft der zivilisierten Staaten dadurch verabschieden, dass bei Pisa einmal pausiert wird. Der Druck, nicht zuletzt auch von Seiten der OECD, wurde so stark, dass dieselbe Bildungsministerin einige Wochen später eine ebenso scharfe Kehrtwendung bekanntgab: Österreich werde doch wieder am Pisa-Test teilnehmen, man habe mit der OECD »Sonderkonditionen« ausgehandelt, so die Erklärung dafür. Pikanterie am Rande: Der Wiedereinstieg Österreichs bei Pisa wurde just in dem Moment verkündet, als ein von Heinz-Dieter Meyer von der State University of New York initiierter und von zahlreichen internationalen

Experten unterzeichneter offener Brief an Andreas Schleicher, den Pisa-Koordinator der OECD, die Pisa-Tests einer grundlegenden Kritik unterzog und zu einem weltweiten Moratorium aufrief.[1] Allein: Noch die treffendste Kritik perlt an den Pisa-Jüngern ab wie Wasser.

Pisa kann mittlerweile als Symptom für die Absurdität gewertet werden, die das Bildungssystem erfasst hat. Das Faszinierende am Pisa-Test ist, dass dieser trotz zahlreicher bekannter und kritisierter Schwächen in Konstruktion, Durchführung und Auswertung nach wie vor den Takt in der Bildungsdiskussion angibt. Dass die Ergebnisse schon aus rein statistischen Gründen auf schwachen Beinen stehen, weiß man. Deutschland hat annähernd zehn Millionen Schüler, nicht einmal 5000 unterziehen sich dem Pisa-Test, in der viel kleineren Schweiz sind es 20000. Was will man da noch vergleichen? Da ein besonderer Stolz der Pisa-Konstrukteure darin besteht, Zusammenhänge zwischen Schultyp, Region, sozialem und familiärem Hintergrund und Geschlecht zu eruieren, muss das schmale deutsche Sample bedeuten, dass für manchen Typus – männlicher Schüler mit Migrationshintergrund in einem norddeutschen kleinstädtischen Gymnasium – wohl nicht mehr als ein Testkandidat zur Verfügung steht. Hat dieser einen schlechten Tag, herrscht bildungspolitischer Notstand, ist er in Form, hat ganz Deutschland ein ungerechtes Schulsystem beseitigt. Unsinniger geht es nicht. Pisa misst also in erster Linie den Glauben von Bildungspolitikern und Bildungsjournalisten an fragwürdige Statistiken. Pisa ist längst zu einer säkularen Religion geworden, die nur mehr Rechtgläubige und Ketzer kennt.

Keine Frage, Pisa wirkt. Aber es wirkt als gigantomanisches bildungspolitisches Placebo, das von seiner Inszenierung ebenso lebt wie von der bis zur Veröffentlichung wie ein Staatsgeheimnis gehüteten Nationenwertung. Ohne dieses Ranking, das Vergleichbarkeit auch dort suggeriert, wo Vergleiche weder möglich noch sinnvoll sind, und ohne die plakativen Ergebnisdeutungen, wäre Pisa ein amüsanter, aber unnötiger Test wie viele andere auch. Aber dass man nun die Punkteabstände zwischen den Ländern angeblich in verlorene oder gewonnene Schuljahre umrechnen kann, gibt der Bildungsökonomie ganz neue Möglichkeiten. Um ordentlich lesen zu lernen, benötigen österreichische Schüler fast zwei Jahre mehr als ihre Kollegen in Finnland oder Südkorea. Und Zeit ist bekanntlich Geld. Wenn es woanders schneller geht, dann muss das doch auch hierzulande möglich sein. Oder anders formuliert: Leseförderung lohnt sich doch. Im Wortsinn.

Manchmal wird an Pisa gelobt, dass hier kein »erlerntes Wissen« abgefragt wird, sondern dass es um die Ermittlung von Problemverständnis und Lösungsfähigkeit, also um die Voraussetzungen für erfolgreiches Lernen im weiteren Leben geht. Manche sprechen bei Pisa sogar andächtig von der »Vision einer umfassenden Grundbildung«, die sich nun darauf beziehe, »alltagsrelevante Fragestellungen« bewältigen zu können.[2] Nun, auch Visionen hatten schon bessere Zeiten, aber es ist beruhigend zu wissen, dass man in einer Wissensgesellschaft auch ohne Wissen Erfolg haben wird, denn angeblich kommt es nur noch auf das Können an. In Wirklichkeit gibt Pisa durch die Konstruktionen seiner Tests einen geheimen Lehrplan vor, der eine Norm darstellt, an der sich die Bildungsbemühungen auszurichten haben. Pisa misst nicht nur, sondern schreibt in erster Linie vor. Das wird mittlerweile nicht nur zugegeben, sondern auch als »beispielgebend« für die Bildungsstandards überhaupt gefeiert. Pisa verstärkt dabei jene verhängnisvollen Tendenzen in der Didaktik, die zwischen Fähigkeiten und Kenntnissen nicht mehr unterscheiden und am Ende eines Lernprozesses immer eine Kompetenz zur Lösung einer lebensweltlich orientierten Aufgabe sehen wollen. Das mag in manchen Bereichen durchaus sinnvoll sein, aber zu glauben, dass diese Problemlösungskompetenzen unabhängig von Wissen erworben werden können, ist ebenso ein Irrtum wie die Annahme, dass auf ein Wissen, das nicht zu einer unmittelbaren Handlungsorientierung führt, immer und überall verzichtet werden könne.

Seine eigentliche Bedeutung entfaltet Pisa dort, wo seine Protagonisten unverhohlen Empfehlungen für großzügige Schulreformen abgeben. Der Pisa-Verantwortliche der OECD, Andreas Schleicher, ist denn auch nach jedem Pisa-Test in Österreich und Deutschland mit dem Rat zur Stelle, doch endlich auf die gemeinsame Schule der Zehn- bis Vierzehnjährigen umzusteigen, um im Ranking nach oben zu klettern. Dass Deutschland und die Schweiz sich auch ohne diese Schule zum Teil stark verbessern konnten, Schweden sich mit dieser Schule verschlechtert hat und auch die Pisa-Schlusslichter die Gesamtschule haben, ficht den Gesamtschulideologen nicht an. Länder, die vielleicht tatsächlich ein Problem damit haben, der Schule und der Bildung die angemessene Aufmerksamkeit zu schenken, werden damit in endlose Strukturdebatten getrieben, die Kräfte und Energien blockieren, welche anderswo gebraucht werden könnten. Etwa bei der Frage, welche Rolle die Lehrer, ihr Ansehen und ihre Bildung in diesem Prozess spielen. Oder bei der Frage, wie es insgesamt um die Lesekultur einer Gesellschaft bestellt ist, die seit zwei Jahrzehnten wortreich das Ende der Schrift und des Buches feiert und das Computerspiel zu einer Kulturtechnik stilisiert. Denn zu den eher verblüffenden Effekten von Pisa gehört auch dieser: Alle reden nun vom Lesen und dass wir es angesichts der steigenden Rate sekundärer Analphabeten mit einer veritablen Bildungskatastrophe zu tun haben.

Damit kommen wir dem Kern schon näher. Worum es bei Pisa und anderen Tests geht, ist die Konstruktion von Bildungskatastrophen. Diese stellen die Manövriermasse dar, mit der Bildungsreformen aller Art durchgesetzt werden können. Die Interessen, die sich dahinter verbergen, sind vielfältig – nur mit Bildung haben sie nichts zu tun. Es geht um Konzepte einer wettbewerbsorientierten Ausbildung im Dienste der Wirtschaft; zu diesem Zweck muss das Bildungssystem mit künstlichen Wettbewerben überhaupt erst infiziert werden. Pisa stellt dafür das mächtigste Instrumentarium dar. Es geht um die Pfründen der empirischen Bildungsforschung, die nach Daten giert, welche sich zeitgeistkonform interpretieren lassen; es geht um eine Bildungspolitik, die über Bildung nicht mehr nachdenken, sondern mit Zahlen versorgt werden will – was immer diese auch bedeuten mögen; und es geht um die unstillbare Sehnsucht nach Ranglisten, Spitzenplätzen und der masochistischen Selbstanklage, wenn es dafür wieder einmal nicht gereicht haben sollte: »Solange Menschen daran glauben, dass ein einfaches Mehr an Pisa-Punkten besser sei als weniger, um am Markt erfolgreich zu sein, werden sie alles daransetzen, dieses Mehr zu erlangen. Bildung beugt sich unreflektiert der Kraft des vergleichenden Maßes, selbst wenn dieses auf reinen Behauptungen beruht.«[3] Gelingt diese »Anpassung an eine Scheinwelt« nicht, herrschen Handlungs- und Reformbedarf; fehlen dafür auch noch vernünftige Konzepte, greifen Nervosität und Hektik um sich.

Das alles ist kein Spiel. Verfolgt man das, was Bildungsdebatte genannt wird, ist man deshalb wenig erstaunt von den nervösen, ja martialischen Tönen, die hier angeschlagen werden. Seit der Philosoph Georg Picht in den sechziger Jahren des vorigen Jahrhunderts die deutsche »Bildungskatastrophe« ausgerufen hatte,[4] muss Bildung etwas sein, das die Menschen in Notsituationen bringt und Angstzustände hervorruft. Bildung scheint ein Gut zu sein, um das wütende Auseinandersetzungen entbrannt sind, es gibt »Bildungsgewinner« und »Bildungsverlierer«; liefern die internationalen Vergleichstests wieder einmal wenig zufriedenstellende Ergebnisse, wird mit »Bildungsoffensiven« reagiert; gleichzeitig »wappnen« sich die Universitäten gegen den »Ansturm« der Studenten, während Professoren und Jungforscher, letztere oft mit prekären Anstellungsverhältnissen, im »internationalen Wettbewerb« um Reputation, Stellen, Drittmittel und Publikationsplätze »kämpfen«, um in den diversen Rankings zum Überholen anzusetzen oder wenigstens nicht zurückzufallen. Prallen unterschiedliche Reformkonzepte aufeinander, kommt es zum »Bildungskrieg«, und in manchen Schulhöfen herrscht ohnehin die nackte Gewalt. Aber natürlich müssen »Bildungsbarrieren« niedergerissen und Bildungschancen eröffnet werden. Bildung scheint auf einer unteren Ebene zu einem Überlebenstraining, auf einer mittleren zu einem erbitterten Kampf um Chancen und Einkommen und auf einer höheren zu einer sich immer schneller drehenden Reformspirale geworden zu sein: G9, G8, G9, Bologna hin, Bologna her, mehr Autonomie, weniger Autonomie, aber immer: Misstrauen und Kontrolle.

Wer sich dem »Bildungsdruck« entzieht, gilt als »Bildungsverweigerer« oder als »Risikoschüler«. Und wehe, jemand ist überhaupt nur mittelmäßig! Bildung als Ressource – das bedeutet auch: Talente müssen abgeschöpft werden, potentielles Humankapital darf nicht brachliegen, jeder muss mitgenommen werden, keiner darf zurückbleiben, aber man muss auch hier wissen, wo es sich zu investieren lohnt. Aber wer weiß das schon? Es wundert wenig, dass der Soziologe Heinz Bude die Grundstimmung der vermeintlichen Wissensgesellschaft unter dem Stichwort »Bildungspanik« beschreibt.[5]

Diese Panik äußert sich prominent in der Bildungspolitik selbst und in jenen Mittelschichten, für die Bildung als Garant für Lebensstandard, beruflichen Erfolg, sozialen Status und Aufstiegschancen eine bedeutende Rolle spielt. Auch wenn in den Medien gerne der Eindruck kommuniziert wird, dass es sich hier um einen breiten gesellschaftlichen Konsens handle, stimmt dies nur in engen Grenzen. Die entscheidende Frage in diesem Zusammenhang durfte und darf auch weiterhin nicht gestellt werden: Dass Bildung nicht nur ein Recht ist, sondern dass die – übrigens keineswegs zwingende – Inanspruchnahme dieses Rechts auch Pflichten implizieren könnte. Nicht überall, wo Bildung verweigert wird, liegt die Schuld am System oder am Anbieter.

Bildung ist ein Mittelstandsphänomen. Für die Eliten ist sie bedeutungslos, weil entweder selbstverständlich oder überflüssig. Und die sogenannten bildungsfernen Schichten haben andere Werte und Ideale, an denen sie ihre Lebensentwürfe orientieren möchten. Nur die durch die Globalisierung bedrohte Mittelschicht glaubt noch an ihre Chancen durch Bildung und an einen sozialen Aufstieg durch das Sammeln von ECTS-Punkten, Modulen und Zertifikaten. Gleichzeitig aber scheinen diese Chancen von allen Seiten bedroht: Die Arbeitsplätze für Maturanten (Abiturienten) und Akademiker werden knapp, die Ausbildung wird schlechter, die Flut an akademischen Abschlüssen aller Art entwertet diese, die Klagen der Unternehmen über die Schwächen ihrer jungen Mitarbeiter häufen sich, die Praktika und prekären Beschäftigungsverhältnisse nehmen zu, und die Jagd nach zusätzlichen Qualifikationen, die kaum noch etwas bringen, hat schon lange begonnen. Die Mittelstandseltern drängen denn auch auf die Hyperqualifizierung ihrer Kinder: Englisch im Kindergarten, Chinesisch in der Vorschule, *computer literacy* ab der Geburt, und von allem nur das Beste: an Kitas, Kindergärten, Grundschulen, Gymnasien, Universitäten, Lehrern, Professoren, Standorten. Es wird eng. Und wenn gar nichts mehr hilft, springt die Pharmaindustrie ein. Den Körper ruhig stellen und das Hirn dopen – auch das kann eine Bildungsperspektive sein.

Der andere Ort, an dem in regelmäßigen Wellen Panik ausbricht, ist die Bildungspolitik selbst. Getrieben von den Geistern, die sie rief und nun nicht mehr los wird – die empirische Bildungsforschung –, ist sie nahezu im Tagesrhythmus alarmierenden Botschaften ausgesetzt, auf die irgendwie hektisch und planlos reagiert werden muss. Testergebnisse, Fallstudien, die ständigen Ermahnungen der OECD, die guten Ratschläge selbsternannter Bildungsexperten, die Erwartung, dass Bildung nahezu gleichbedeutend ist mit ihrer Reform, der Versuch jeder Regierung, irgendetwas im Bildungsbereich zu verändern, und wenn es gar nicht anders geht, dann wieder einmal die Lehrpläne, nicht zu vergessen die Aktivitäten, die gesetzt werden müssen, um die schlimmsten Folgen vergangener Reformen einigermaßen abzufedern: In Summe ergibt dies das Bild eines haltlosen Aktionismus, der eine überbordende, kontrollierende, evaluierende, steuernde und anlassbezogene Bürokratie schafft, die Bildungsprozesse in der Regel eher sabotiert denn befördert.

Verschärft wird dieser Aktionismus durch die ideologischen Imperative, denen er letztlich glaubt gehorchen zu müssen. Der Bildungsbereich ist wie kein zweiter zum Kampfplatz der Ideologien geworden, die natürlich alle nur das Beste wollen, aber aus völlig unterschiedlichen Perspektiven. Generell geben die Berichte der OECD den Takt vor, nach dem die Bildungspolitik zu tanzen hat. Hier geht es um wirtschaftsnahe Ausbildung, um Schulung zur Anpassungsfähigkeit, um internationale Vergleichbarkeit, um ein effizientes Verhältnis zwischen

Ausgaben und Ergebnissen, und es geht noch immer um die leidige Akademikerquote, die angeblich vor allem in Österreich und Deutschland, aber auch in der Schweiz noch immer viel zu niedrig sei. Nun mag es richtig sein, dass in komplexen Wissensgesellschaften vielen Menschen die Möglichkeit eröffnet werden sollte, eine tertiäre Bildungseinrichtung zu besuchen; aber abgesehen davon, dass in den verschiedenen Ländern »Akademiker« völlig unterschiedlich definiert sind, fragt es sich angesichts der realen Entwicklungen doch, ob man hier nicht einem Fetisch nachläuft, der zwar die Bildungspolitik in Atem hält, aber zunehmend geringere Aussagekraft über den tatsächlichen Bildungsstand junger Menschen und ihre Berufschancen enthält. So konnte man im Zuge der letzten Wirtschafts- und Finanzkrise beobachten, dass die Länder mit einem dualen Ausbildungskonzept, das natürlich die Akademikerquote dämpft, wesentlich erfolgreicher waren als Länder mit einem traditionell hohen Anteil an sekundären und tertiären Bildungsabschlüssen. Erst jetzt beginnt zaghaft eine Debatte, ob die Politik nicht lange einem »Akademisierungswahn« verfallen gewesen sei, der unmittelbar in einen neuen »Bildungsnotstand« führe.[6]

Tatsächlich wird der Forderung nach einer Erhöhung der Akademikerquote nicht durch ein entsprechendes Angebot an universitären Einrichtungen entsprochen – das käme viel zu teuer –, sondern durch zwei prekäre Strategien: Durch die Nobilitierung bestimmter berufsorientierter Ausbildungsgänge mittels eines entsprechenden akademischen Abschlusszertifikats; und durch eine flächendeckende »Dequalifizierung«[7] der Studien im Zuge der Bologna-Reform. Erlaubte doch die Bologna-Reform, die so gut wie alle ihre Ziele verfehlt hat, vor allem eines: eine Verschulung und Entwissenschaftlichung der Bachelor-Studiengänge und damit eine Entakademisierung der

Universitäten. Die Akademikerquote wird dadurch zweifellos steigen; aber die immer zahlreicher werdenden Akademiker werden keine Akademiker mehr sein. Das gilt auch für jene reformpädagogischen Konzepte, die jedem die gleichen Chancen einräumen wollen und deshalb das Abitur für alle und den Studienplatz für jeden fordern, allerdings als Kennzeichen dieser Universitätsreife nicht mehr verlangen wollen als den Nachweis, dass junge Menschen »psychisch gesund, belastbar, immer noch neugierig auf die Welt«, »beziehungs- und teamfähig« sowie mit »Grundkompetenzen« ausgestattet sind, »engagiert die Welt verbessern« wollen und »Freude am Leben« haben.[8] Natürlich wäre es charmant, sich Weltverbesserungskompetenz oder Beziehungsfähigkeit einmal als Reifeprüfungsfach vorzustellen, aber so wird es wohl nicht gemeint sein, denn Prüfungen wird es in dieser Schule ohnehin keine mehr geben.

Dass die reale Entwicklung ohnehin schwammige Fähigkeiten und unscharfe Kompetenzen, die im Wesentlichen an pädagogischen Moden und politischen Ideologien orientiert sind, ins Zentrum höherer Qualifikationen rückt, kann als Ausdruck der Dequalifizierung von Bildungsgängen gewertet werden, auch wenn dadurch Abschlussquoten erhöht werden können. Ob durch solche großangelegten Täuschungsmanöver für die Entwicklung von Wirtschaft und Gesellschaft wirklich etwas gewonnen ist, ist zu bezweifeln. Befriedigt wird höchstens die diffuse Sehnsucht, einen weiteren Schritt in die inklusive Gesellschaft getan und in einer OECD-Statistik ein paar Plätze gut gemacht zu haben.

Wie immer man es dreht und wendet, man sieht die Katastrophe deutlich vor Augen: Entweder verliert man im internationalen Wettbewerb durch zu wenig Akademiker oder durch einen Mangel an gut ausgebildeten Fachkräften. Da je nach Maßstab, Bewertungskriterium und Geschmack im Wettbewerb fast immer ein anderer vorne ist – China, Südkorea oder Finnland zum Beispiel –, sorgt die Logik dieser Bildungswettbewerbe für eine katastrophenorientierte Grundstimmung. Von dem dänischen Philosophen Søren Kierkegaard gibt es die schöne Fabel, nach der eine Lilie, die sich in ihrer Schönheit selbst genügte, durch einen Vogel irritiert wird, der ihr davon vorschwärmt, dass es an anderen Stellen noch viel schönere Lilien gebe und sie im Vergleich mit diesen »nach nichts« aussehe.[9] Die Lilie wird depressiv, lässt sich verleiten, vom Vogel ausgerupft und in das gelobte Land der schönen Lilien transferiert zu werden und verkümmert dort elendiglich. Man muss nun nicht Kierkegaards christlich inspirierter Doktrin der Selbstgenügsamkeit in allen Punkten folgen; aber das ständige Vergleichen, Reihen und Werten im Bildungssystem führt zweifellos zu einer permanenten Verunsicherung und Nervosität und einem – um es mit Hegel zu sagen – »unglücklichen Bewusstsein«, das den entscheidenden Intentionen von Bildung gegenüber zutiefst kontraproduktiv ist. Nur auf Vergleichstabellen und Ranglisten zu starren ist Ausdruck einer veritablen Praxis der Unbildung.

Aber nicht nur die OECD macht Druck auf das Bildungssystem, auch der Zeitgeist lässt sich nicht lumpen. Vor allem Schulen gelten als der Ort, an dem die Planspiele zur Weltverbesserung an Kindern und Heranwachsenden ausprobiert werden können – natürlich nur zu deren Wohl. Bildungseinrichtungen, vor allem die öffentlichen Schulen, gelten als Laboratorien, in denen alles versucht wird, was Bildungs- und Gesellschaftspolitiker, aber auch Bildungsforscher und Erziehungswissenschaftler für wünschenswert halten: eine durchgängig gegenderte Kommunikation, die generelle Inklusion von Kindern mit Behinderungen aller Art, ein fehlertolerantes Prüfungssystem, Toleranz gegenüber und Integration von allen,

Offenheit in Bezug auf sexuelle Orientierungen und Vorlieben aller Art (Ausnahme: Pädophilie), Engagement in Umwelt-, Friedens- und Klimaprojekten, politisch korrektes Sprechen, Denken, Schreiben und Handeln: schöne neue Schulwelt. Dass die Realität in den Schulen und Schulhöfen damit nicht Schritt halten kann, ficht die Propagandisten der Weltverbesserung durch die permanente Schulreform nicht an. Hier gilt immer der Hegelsche Satz: Umso schlimmer für die Wirklichkeit. Wenn überhaupt, darf diese Wirklichkeit nur noch mit sanfter Ironie angesprochen werden.[10] Die unheilige Allianz zwischen den neoliberalen Apologeten des Wettbewerbs und den menschenfreundlichen Illusionspädagogen gehört so zu den impliziten Voraussetzungen der deshalb oft widersprüchlichen Reformanstrengungen im Bildungsbereich.

Zur Logik der Bildungskatastrophen gehört nicht nur die Wettbewerbsrhetorik, sondern auch die Rhetorik der permanenten Selbstüberforderung. Gemessen an dem, was man sich unter einer idealen Bildungssituation vorstellen kann, muss die Realität immer als katastrophaler Zustand erscheinen, der möglichst rasch durch Reformen welcher Art auch immer verändert werden muss. Dazu gehört die Tendenz, gesellschaftliche und soziale Probleme in die Schulen zu verlagern. So gut die Parole »Damit muss man in der Schule beginnen« auch klingt, so falsch ist sie. So richtig es ist, dass im Unterricht auf Fragen der Zeit eingegangen werden muss, so problematisch ist es, aus jedem ungelösten Problem ein »Unterrichtsprinzip« oder eine »Querschnittmaterie« zu machen. An solchen Ansprüchen gemessen, können Bildungseinrichtungen nur versagen, denn es gibt immer mehr ungelöste Fragen, als in einer Schule behandelt werden könnten. Wer eine Bildungseinrichtung kritisieren will, hat es deshalb einfach: Es genügt, im Gestus der Empörung darauf hinzuweisen, was alles nicht an der Schule stattfindet. Je nach Standort handelt es sich dann um eine Einführung in die Geldwirtschaft, neue Medien, interkulturelle Dialoge, politische Bildung, Konsumentenerziehung, Gesundheitsvorsorge, Bewegungstherapien, Anti-Mobbing-Aufklärung oder das richtige Verhalten im *social web*. Mit einem Wort gesagt, es gibt immer zu viel zu tun. Auch das hebt nicht gerade die Stimmung. Der Gedanke, dass Schulen auch Schutzräume darstellen können, die sich bewusst auf wesentliche Fragen, Probleme und Inhalte konzentrieren und sich gegenüber den Zumutungen einer hysterisierten Öffentlichkeit auch abschotten könnten, ist uns sehr, sehr fremd geworden.

Zur Logik von Bildungskatastrophen gehört ein Mechanismus, den man als die Paradoxie unnötiger Reformen bezeichnen könnte. In diesem Fall führt eine Reform, die niemand brauchte, zu einer Reihe von Folgeproblemen, die nicht nur zusätzlichen Reformbedarf, sondern auch das Gefühl erzeugen, erst jetzt sei wirklich alles verloren. Das beste Beispiel dafür ist die unter dem Kürzel »Bologna« vollzogene Reform des europäischen Hochschulwesens.

Bologna: Waren das noch Zeiten, als man zu diesem Begriff nichts anderes assoziierte als eine italienische Stadt mit historischem Zentrum und kulinarischen Genüssen. Zumindest im akademischen Kontext denkt bei Bologna mittlerweile niemand mehr an Tortellini, Sugo Bolognese und Vino Rosso, aber auch nicht daran, dass in dieser Stadt im Jahre 1088 die erste Universität Europas gegründet wurde. Bologna, das ist zum Synonym für eine radikale und flächendeckende Umstrukturierung des europäischen Hochschulwesens geworden. Der im Jahre 1999 von den europäischen Bildungsministern initiierte Bologna-Prozess hat eine Eigendynamik entwickelt, die weder aus den ursprünglichen Intentionen noch aus dem Willen der Beteiligten und Betroffenen erklärt werden kann. Faszinierend an diesem Großexperiment sind so weniger die programmatischen Erklärungen, die ohnehin so formuliert sind, dass ihnen kaum widersprochen werden kann, als vielmehr das, was sich nach deren Umsetzung als Bild der neuen Universität am Horizont abzeichnet. »Bologna« wurde so zu einem Etikett, das in erster Linie die Aufgabe hatte, Reformen und Initiativen aller Art gegen Kritik zu immunisieren.

Tatsächlich wird niemand etwas gegen einen europäischen Hochschulraum, eine Verbesserung der Studienmöglichkeiten durch Steigerung der Mobilität, vereinfachte bürokratische Verfahren bei der wechselseitigen Anerkennung von Abschlüssen und Qualifikationen sowie eine maßvolle Berufsorientierung der Studien einwenden können. Viel mehr als diese Gesichtspunkte und einige Hinweise zu ihrer Umsetzung enthält die ursprüngliche Bologna-Erklärung auch gar nicht. Dass daraus ein starrer Schematismus wurde, der nun wie ein Schimmelpilz die europäischen Universitäten überzieht, mit aufgeblähten Verwaltungen, exzessiven Modularisierungen, überflüssigen Akkreditierungen, vervielfachten Graduierungen, unnötigen Evaluierungen, verwirrenden Zertifizierungen und zahllosen Reglementierungen, gehört zu jenen geheimnisvollen Transformationen, die selbst Anlass zur Frage geben, was an gesellschaftspolitischer Zielsetzung sich dahinter verbergen mag.

Entgegen der herrschenden Ideologie empirischer Überprüfbarkeit bildungspolitischer Erfordernisse und entgegen auch aus dem Geiste der Ökonomie gespeisten Effizienzgeboten verblüffte an der Bologna-Reform vorab die Unbekümmertheit, mit der komplexe und vor allem kostenintensive Transformationsprozesse mit vagen Vermutungen und Hinweisen begründet wurden. So existierten keine nachvollziehbaren Untersuchungen über das Mobilitätsverhalten der studentischen

Jugend und dementsprechend auch keine Konzepte, in welchem Ausmaß und mit welchen Mitteln dieses Verhalten auch ohne tiefgreifende Umstrukturierungen gesteigert hätte werden können. Auch die Proklamation der Berufsfähigkeit als neue Orientierung der Studienabschlüsse basierte nicht auf tatsächlich erhobenen Defiziten bei den Berufschancen von Absolventen, sondern entsprang eher einer Mischung aus den notorischen Klagen der Wirtschaft, einem modischen Praxisfetischismus und der Angst, sich dem Vorwurf teurer, aber nutzloser Bildungsgänge aussetzen zu müssen. In der Wirklichkeit war es aber wohl nicht so, dass der deutsche Diplomingenieur eine Universitätsreform erzwungen hätte, weil er schwer zu vermitteln gewesen wäre. Eine inhaltliche Debatte darüber, für welche Berufe eine akademische Ausbildung notwendig sein und wie diese sich zu den Angeboten der Fachhochschulen verhalten solle, gab es natürlich nicht.

Dass von den ursprünglichen Zielen nur wenig, wenn nicht überhaupt das Gegenteil des Intendierten erreicht wurde, kümmert die Reformer wenig. Die Mobilität hat abgenommen, die Situation der Bachelors am Arbeitsmarkt ist nach wie vor nicht besonders rosig, die Studienzeiten haben sich verlängert, und die Qualität der Lehre hat sich in den Grundstudien durch die Modularisierung, Verschulung und die Verlagerung der Forschungsorientierung in die Doktoratsprogramme verschlechtert. In Summe bedeutet dies: »Das Studium wird substantiell entleert.«[11] Bologna ist, an seinen eigenen Ansprüchen gemessen, gescheitert. Unter den Trümmern, die diese Reform hinterlässt, liegen auch die letzten Reste einer Idee von Universität, der es um die Einheit von Forschung und Lehre, um die Freiheit der Wissenschaft und um das Konzept einer allgemeinen Bildung durch Wissenschaft gegangen war. Ob von dieser Idee durch eine Reform der Reform, durch ein »Bologna 2.0« etwas gerettet werden kann, darf angesichts der herrschenden Entwicklung bezweifelt werden.[12]

Was aber, wenn ein Land in der glücklichen Lage sein sollte, ein einigermaßen bewährtes und nach all den immer wieder zitierten Kriterien auch einigermaßen erfolgreiches Bildungssystem zu haben, mit hervorragenden Plätzen bei den internationalen Vergleichstests, mit besten Aussichten für die Jugend, mit renommierten und weltweit anerkannten Universitäten? Der Fall Schweiz also. Hier geben der sichtbare Erfolg und die anerkannte Qualität der Bildungseinrichtungen keinen Vorwand für Reformbedürftigkeit, hier zählt allein, dass vieles, was andernorts für den letzten Schrei der Bildungspolitik gehalten wird, in diesem kleinen, aber feinen Alpenland bislang unbekannt oder ohne große Bedeutung schien. Nur deshalb herrscht auch in der Schweiz Reformbedarf. Ohne Not schloss sich die Schweiz der Bologna-Reform an, und ohne Not und zwingende Gründe muss das Schulwesen grundlegend reformiert werden.

Der »Lehrplan 21« sieht denn auch Zentralisierung, Standardisierung und eine flächendeckende Kompetenzorientierung für die Grundschulen der Deutschschweiz vor; auf 550 monströsen Seiten wird ein bürokratisches Steuerungsinstrumentarium vorgelegt, das die Schweizer Lehrerschaft allerdings nicht hinnehmen will. Auch wenn die Proteste und die Initiative »550 gegen 550« nur eine Modifikation des Regelungsungeheuers erreichen wollen: Der Widerstand in der Schweiz dokumentiert, dass im Bildungsbereich nicht mehr alles, was Forscher und Bürokraten, Reformer und Ökonomen sich so ausdenken, zähneknirschend akzeptiert wird.[13] Gleichzeitig zeigt das Beispiel Schweiz, dass die Logik der Bildungskatastrophe so zwingend ist, dass auch dort, wo vieles funktioniert, alles getan wird, um dieser fatalen Logik zu folgen.

Kompetenzorientierung, Praxisnähe, Modularisierungen, Qualifikationsprofile, *employability*, Wettbewerbsvorteil, Kostenneutralität: Die Schlagworte aktueller Bildungspolitik markieren nicht nur neue Moden, sie signalisieren auch einen gravierenden Bruch mit den Idealen klassischer Bildungskonzeptionen. Die Beobachtung, dass es immer wieder begeisternde Lehrer und von Wissen und Neugier affizierte Schüler und Studenten geben wird, die alle Bildungsplanung und deren exzessive Programmatiken zu Makulatur werden lassen, vermag nicht wirklich zu trösten. Die Atmosphäre und damit der Geist an den Stätten der Bildung hat sich entscheidend verändert. Wer sich, kaum an einer Universität inskribiert, schon ins *career-center* derselben begibt, handelt in einem gewissen Sinne sicher vernünftig, hinterlässt aber dennoch einen deprimierenden Eindruck – unfrei, gehetzt, außengesteuert, nicht ziel-, sondern outputorientiert. Was es allerdings für eine Kultur bedeutet, ihre eigenen Leistungen, die der Vergangenheit und die der Gegenwart, bei aller kritischen Distanz, die auch notwendig wäre, nur noch unter dem Gesichtspunkt der Verwertbarkeit zu sehen, mag man sich gar nicht erst ausmalen. Das, was lange dem pädagogischen und akademischen Gestus als normative Leitidee diente, dass man sich nicht durch das bildet, »was man aus sich macht«, sondern »einzig in der Hingabe an die Sache«,[14] verliert sich in einer Welt, in der jede Sache sekundär, letztlich immer nur Anlass, Ressource oder Müll sein kann. Kein Wunder, dass sich gerade im Bereich der Bildung die Entrümpler, Kürzer, Entsorger, Ballastabwerfer nur so tummeln. *In der Katastrophen-, Test- und Dauerreformrhetorik zeigt sich die Praxis der Unbildung in ihrer hysterisierten Gestalt.*

Dabei wäre alles ganz einfach: Bildung ist keine Katastrophe. Bildung ist auch keine Religion. Und vor allem: Bildung löst nicht alle Probleme. Viel wäre gewonnen, würde man anstelle der üblichen Mischung aus Bildungsschwärmerei und Managementrhetorik einen klaren Blick für die Möglichkeiten, aber auch die Grenzen, für die Chancen, aber auch die Risiken von Bildungsprozessen bekommen. Bildungseinrichtungen brauchen aktuell deshalb nicht mehr, sondern weniger Reformen, und auch wenn es paradox klingen mag, sollte generell bedacht werden: In einer sich – angeblich – rasch verändernden Gesellschaft benötigen Bildungssysteme Entschleunigung, nicht Hektik, Besonnenheit, nicht Tempo, Stabilität, nicht permanenten Wandel, Sicherheit, nicht medialen und politischen Dauerbeschuss.

2. DER BILDUNGSEXPERTE

Zur Psychopathologie eines Sozialcharakters

Es ist gespenstisch: Wann immer nationale Bildungssysteme auf dem Prüfstand stehen, Pisa-Ergebnisse veröffentlicht, der jährliche OECD-Bericht *Education at a Glance (Bildung auf einen Blick)* seine finsteren Prognosen für Deutschland und Österreich verkündet, die geringen Akademikerquoten beklagt und die Chancenungerechtigkeit der Schulen angeprangert werden, taucht er auf wie aus dem Nichts: der Bildungsexperte. Niemand weiß so genau, was ihn zum Experten macht, meistens handelt es sich um einen Absolventen eben jenes Bildungssystems, das er nun medienwirksam kritisiert, sein Hintergrund ist vielfältig, aber eines ist sicher: Er sorgt sich um die Bildung, und er weiß, was eigentlich zu tun wäre. In der Schweiz ist er ein gescheiterter privater Schulunternehmer, der pädagogische »Urbitten« verkündet, an denen alle genesen könnten; in Deutschland sind es ein erfolgreicher philosophischer Autor, der nicht länger zusehen kann, wie sein Kind in und an einem falschen Schulsystem leidet, sowie ein selbsternannter Hirnforscher, der weiß, dass jedes Kind hochbegabt ist; und in Österreich sind es ein pensionierter Landesschulratspräsident, der die Versäumnisse seiner aktiven Zeit als Bildungspolitiker nun publizistisch nachholt und in der Gesamtschule sein Heil sieht, sowie ein – so die Selbstauskunft – »Unternehmensberater, Bestsellerautor und kritischer Vordenker«.[1] Was immer Peter Fratton, Richard David Precht, Gerald Hüther, Bernd Schilcher und Andreas Salcher auch voneinander unterscheidet, auf welch unterschiedlichen Bildungs- und Argumentations-niveaus sie sich auch bewegen mögen – eines ist ihnen gemein-sam, und dies kennzeichnet den Bildungsexperten überhaupt: die Überzeugung, dass das aktuelle Bildungssystem das denk-bar schlechteste ist und dass nur eine grundlegende Bildungs-revolution die drohende Katastrophe abwenden kann. Der rhetorische Gestus des Bildungsexperten oszilliert dann auch zwischen apokalyptischer Warnung, drohend erhobenem Zei-gefinger und frohlockender Euphorie angesichts der unglaubli-chen, aber verborgenen Ressourcen, die er in den Heranwach-senden schlummern sieht und die er mit einem Schlag zum Leben erwecken will.[2]

Die Bedeutung des Bildungsexperten liegt weniger in der Qualität seiner Expertise als in der medialen Aufmerksamkeit, die er genießt. Dadurch prägt er ganz wesentlich die öffent-liche Stimmung und das Bild, das allenthalben von Schulen, Lehrern und Universitäten existiert. Mittelbar beeinflusst er so auch die Politik, die er gleichzeitig verachtet, da er sie letzt-lich für jene Bildungsmisere verantwortlich macht, gegen die er seinen heroischen Kampf führt. Das hindert ihn natürlich nicht, als Berater für Bildungspolitiker, Ministerien und Regie-rungen zu fungieren. Das kann auch zu unfreiwilligen Pointen führen – so etwa, wenn der ehemalige Politiker Bernd Schilcher seinem bildungspolitischen Pamphlet *Bildung nervt* den marki-gen Untertitel »Warum unsere Kinder den Politikern egal sind« verleiht, in seiner Danksagung am Ende des Buches – zeitgeis-tig »Acknowledgments« genannt – aber nahezu alle Bildungs-politiker der letzten Jahre – Ministerinnen und Landeshaupt-leute, Stadtschulräte und Schuldirektoren – über den grünen Klee lobt, sich seiner Freundschaften mit diesen rühmt und weinerlich das Glück beschwört, das ihm erlaubte, eine große Anzahl solch »beeindruckender Persönlichkeiten« kennen zu lernen.[3] Seltsam, dieselben Politiker, denen angeblich unsere Kinder egal sind, sind wunderbare Menschen und erfüllt von edlen Bildungsmissionen. Irgendetwas stimmt da nicht. Nicht die Bildung nervt, sondern der Bildungsexperte.

Solche Ungereimtheiten produziert der Bildungsexperte am laufenden Band. Ein gutes Beispiel dafür ist der Pisa-Test. Einerseits begrüßt der Bildungsexperte diese Tests, bestätigen sie ihn doch in seiner Ansicht, in der schlechtesten aller möglichen Bildungswelten zu leben. Dass Schulen nicht das leisten, was sie leisten sollen, dass sie gemessen am Output zu teuer sind, dass soziale Benachteiligungen durch das Bildungssystem nicht korrigiert, sondern verfestigt werden, dass differenzierte Schulsysteme deshalb von Übel und Gesamtschulen die Erlösung darstellen, dass man nach Finnland reisen muss, um zu wissen, was zu tun ist – all das weiß der Bildungsexperte dank Pisa. Zum anderen aber beschleicht ihn Unbehagen. Denn Pisa misst nur wenige Kompetenzen – das widerspricht seinem ganzheitlichen Menschenbild; Pisa berechnet durchschnittliche Leistungen –, das widerspricht der von ihm hochgehaltenen Individualisierung; Pisa verführt dazu, Unterricht nur mehr als Vorbereitung für diesen Test zu sehen – das widerspricht seinem Ideal selbstbestimmten Lernens; und Pisa steht eindeutig im Dienste des Wettbewerbs, auch wenn dieser überhaupt erst durch Pisa künstlich erzeugt wird – und beim Wettbewerb weiß der Bildungsexperte nicht, was er will: einerseits ja, denn wir müssen konkurrenzfähig bleiben; andererseits nein, denn es darf keine Bildungsverlierer geben. Dass es zur Logik jedes Wettbewerbs gehört, dass es Verlierer geben muss, ist seinem Verstand – um mit Kierkegaard zu sprechen – ein Ärgernis.[4]

Bei allen inhaltlichen Differenzen und inneren Widersprüchen: Es gibt einige markante Grundüberzeugungen, die die Bildungsexperten unserer Tage teilen. Fast alle sind gute Rousseauisten, das heißt, sie sind überzeugt davon, dass Neugeborene, Babys und Kleinkinder wunderbare, umfassend kompetente, mehrfach begabte, hochtalentierte und kreative Wesen sind, die allein durch ein antiquiertes Bildungssystem korrumpiert, gebrochen und zerstört werden. Das Kind mutiert zum Ur- und Vorbild des Humanen, der Schwärmerei über dessen Repertoire an unglaublichen Fähigkeiten sind denn auch keine Grenzen gesetzt: »Jedes Kind ist hochbegabt. Das eine für das, das andere für jenes, und kein Kind hat damit ein Problem. Wer damit ein Problem hat, das sind wir.«[5] Einerseits wird – vielleicht nicht ganz zu Unrecht – beklagt, dass die Gesellschaft nur jene Talente schätzt und fördert, die gerade in der gegenwärtigen Welt besondere Anerkennung finden, und andere Begabungen wie die, »Weltmeister im Kirschkern-Weitspucken oder im Rückwärtslaufen zu werden«, nicht weiter gefördert werden,[6] andererseits ist es wunderbarerweise so, dass diese Begabungen genau jene sind, die unsere Gesellschaft so dringend braucht, nämlich »Eigensinn, Kreativität, Querdenkertum und soziale Kompetenz«; alles Fähigkeiten, die angeblich von den »Personalchefs der großen, global operierenden Unternehmen« beachtet und gewünscht werden, allerdings nicht von den bornierten, kleinkarierten und provinziellen Schulen.[7]

Im »System Schule« zählt am Ende nur eines, nämlich »einen passablen Durchschnitt vorweisen zu können«. Und wer, wie angeblich alle Kinder, nach Höherem strebt, dem wird schnell beigebracht, »sich lieber am Mittelmaß zu orientieren«.[8] In dieser Klage sind sich alle Bildungsexperten einig: »Die am höchsten bewertete Tugend im konventionellen deutschen Schulsystem ist Konformität [...]. Ein hohes Maß an Kreativität und Eigensinn, sosehr es von einzelnen Lehrern geschätzt werden mag, ist weitgehend systeminkompatibel mit unseren Schulen.«[9]

Mit einem Wort: Schule ist eine gigantische »Talentvernichtungsindustrie«, und es ist völlig klar, dass wir uns diese schon aus rein ökonomischen Gründen nicht mehr leisten können.[10] Die Zahlen und Statistiken, mit denen operiert wird, um solche Befunde zu untermauern, sind dann auch einigermaßen abenteuerlich. Bei Drei- bis Fünfjährigen, so versichern uns die Bildungsexperten, »beträgt« die »Kreativität« noch 98 %, bei Acht- bis Zehnjährigen noch 34 %, bei 14- bis 16-Jährigen gerade mal noch 10 % und bei 25-Jährigen nur mehr 2 %.[11] Erwachsene, so können wir vermuten, sind dann zu null Prozent kreativ. Und es ist klar, dass die herkömmlichen Bildungseinrichtungen für diese Kreativitätsvernichtung verantwortlich sind, und dass wir alles tun müssen, um diese Kreativität zu erhalten. Der Bildungsexperte glaubt fest an jene »Unvermeidlichkeit des Kreativen«, die es nicht erlaubt, sich vorzustellen, dass es jemanden geben könnte, der weder kreativ ist noch kreativ sein will.[12] Abgesehen davon, welcher Begriff von Kreativität hier verwendet und wie er gemessen wird, betreibt der Bildungsexperte einen Kult um Begriffe wie Einmaligkeit, Talent, Begabung und Originalität, der den Verdacht nahelegt, dass das, was seit dem 18. Jahrhundert als die Merkmale des »Genies« – des »Günstlings der Natur«, wie Immanuel Kant formulierte[13] – gegolten hatte, nun zumindest jedem Kind zugesprochen werden muss. Denn die Natur – so die romantische Annahme – sei mittlerweile gerecht geworden, kenne keine Günstlinge mehr und schütte ihr Füllhorn an Begabungen und Talenten gleichmäßig über alle Menschenkinder aus. Erst die Gesellschaft und ihre Institutionen lassen fast alle diese Talente wieder verkümmern.

Dies gilt auch für das, was man lange als Gegenteil der Begabung gesehen hatte: die Behinderung. Entweder, so das Konzept der neuen inklusiven Pädagogik, erweist sich die vermeintliche Behinderung als bisher verkanntes und unterdrücktes Talent, oder sie kennzeichnet uns alle: »Wir sind alle behindert [...]. Da ist jede Abgrenzung absurd.«[14] In seinem Willen zum Guten kennt der Bildungsexperte kein Pardon. Wenn etwas als gut erkannt wurde, muss es flächendeckend und ohne Abstriche verwirklicht werden. Für unterschiedliche Ansätze und Strategien ist kein Platz mehr. Schon die Frage, ob die Inklusion tatsächlich für alle Formen von Behinderung, für jedes Kind und für alle Situationen die beste Lösung sei, interpretiert er als Verrat an der guten Sache. Dass es unter bestimmten Bedingungen sinnvoller, zielführender und humaner sein kann, behinderte Kinder und Jugendliche von speziell ausgebildeten Kräften gesondert zu betreuen und zu fördern, ist für ihn undenkbar geworden. Ideologisch hat er entschieden, und die Schule, die Lehrer, die Eltern und die Mitschüler müssen sehen, wie sie damit zurechtkommen. Auf dem Weg zur »inklusiven Gesellschaft« wird die simple Einsicht vergessen, dass Gesellschaft, das »komplexeste aller sozialen Gebilde«, von Binnendifferenzierungen lebt, die nicht auf den »einfachen Gegensatz von Exklusion und Inklusion« reduziert werden können.[15] Nicht jede Unterscheidung ist bereits eine Diskriminierung.[16] Doch der Bildungsexperte will von außen alle Unterschiede einebnen: alles an einer Schule. Nach innen allerdings muss umso mehr individualisiert und differenziert werden. Dass dann manche Unterschiede von den Betroffenen und Beteiligten schmerzhafter erfahren werden und sich vertiefen, ficht den Bildungsexperten nicht mehr an. Sein Expertentum ist das der pauschalen Verurteilung und der ebenso pauschalen Generallösung.

Die Welt des Bildungsexperten ist eine, in der alle Menschen nur mehr in ihrer Besonderheit gleich sind. Alle sind hochbegabt, aber jeder auf seine Weise. Unter solchen Prämissen wundert es nicht, dass der pädagogische Zeitgeist, flankiert von Genetik und Hirnforschung, nichts so sehr fürchtet wie den Durchschnitt und das Mittelmaß. Normalität ist das neue Schreckgespenst einer Zeit, in der Besonderheit zur Norm geworden ist: Nur nicht in die »Durchschnittsfalle« tappen, nur nicht gewöhnlich sein, nur nicht Mittelmaß, da wir doch im globalen Wettbewerb nur noch mit dem Außergewöhnlichen punkten können. Wir können es uns nicht mehr leisten, Talente zu verschenken, so das Credo, das schon besser den eigentlichen Hintersinn dieser Kinderfreundlichkeit erkennen lässt.[17] Dass so manch einer dieser Bildungsexperten sich Rat bei McKinsey holt und in der Umwandlung von Bildungseinrichtungen in Unternehmen sein Heil sieht, verwundert wenig. Wettbewerb, Anreizsysteme für Lehrer, Managementqualitäten für Direktoren, ein freier Markt für Anbieter und Kunden – und schon leben wir in der schönen neuen Bildungswelt.[18] Erstaunlich, wie gerade die Bildungsexperten den neuen Mythen des ökonomisierten Alltags kritiklos verfallen. Hier mangelt es da und dort in einem ganz basalen Sinn an Bildung.

Gemeinsam ist den Bildungsexperten eine grundsätzliche Kritik an den rezenten Bildungseinrichtungen: Diese seien antiquiert, dem Geist der Kasernenschulen des 19. Jahrhunderts verhaftet, es dominiere noch immer der Frontalunterricht, die einzelnen Schüler würden in ihrer Besonderheit und Individualität weder wahrgenommen noch gefördert, die neue Welt mit ihren wunderbaren technischen Möglichkeit gehe spurlos an diesen Einrichtungen vorüber, und Kreativität werde flächendeckend vernichtet. Keine Frage, die Kritik des Bildungsexperten wirkt deshalb so fundamental und revolutionär, weil ein Feindbild aufgebaut wird, das schrecklich sein mag, allerdings den Nachteil hat, dass es in der Realität kaum mehr vorkommt. Der Bildungsexperte, der in der Regel seit seiner eigenen Schul-

zeit keine Schule mehr von innen gesehen hat, ignoriert hart-
näckig die Reformen, denen sich Bildungsinstitutionen seit
einigen Jahrzehnten unterwerfen müssen und die genau von jenem Geist oder Ungeist getragen sind, der auch den Bildungsexperten kennzeichnet.

Deshalb aber fordert der Bildungsexperte nicht nur die eine
oder andere weitere Reform, nein, er fordert die »Bildungsrevolution«.[19] Kein Stein soll auf dem anderen bleiben, alles muss
sich ändern: wie gelernt wird, was gelernt wird, wo gelernt wird,
mit wem gelernt wird. Der Phantasie sind hier keine Grenzen
gesetzt, und vorstellen kann man sich vieles. Entscheidend dabei sind vor allem zwei Ansatzpunkte: Die zunehmende Identi-
fizierung von Lernen und Leben und das damit einhergehende
Verschwinden des Lehrers und der Schule.

Für den Bildungsexperten ist es deshalb relativ einfach zu
beschreiben, was Bildung heute bedeutet: »Sich in der Welt
und mit sich selbst zurechtfinden«.[20] Man wundert sich zwar,
wie die Menschen der jüngeren Vergangenheit, die sich aufgrund ihrer Verbildung offensichtlich weder mit der Welt noch
mit sich zurechtfanden, es geschafft haben, zu überleben und
Bildungsexperten zu zeugen, aber wir wollen nicht kleinlich
sein. Natürlich muss es Bildung um die Gestaltung des Ver-
hältnisses des Menschen zur Welt und zu sich selbst gehen – das
wissen wir spätestens seit Humboldt. Die entscheidende Differenz ist dort markiert, wo anstelle der klassischen Bildungsinhalte, die verworfen werden müssen, da sie für diese Orientierung angeblich nichts mehr leisten, die neuen Fähigkeiten wie
Erfahrungswissen, Selbstorganisation, Kreativität, Teamfähig-
keit und Originalität treten, die kaum in den Schulen, sondern
am besten in lebensnahen Kontexten erworben, erprobt und
erweitert werden können. Die Stadt, in der man lebt, wird zum
»Lernatelier«, die ehemalige Schule vielleicht zu einem »Basis-

lager«,[21] von dem die Kinder und Jugendlichen ausschwärmen, um dann jene Probleme zu identifizieren und zu lösen, die angeblich ihr Leben bestimmen und deshalb auf ihr ungeteiltes Interesse stoßen sollen.

Die Paradoxie, die hier formuliert wird, gehört zu einer der zentralen Fragen jeder aktuellen Bildungsdiskussion. Einerseits soll Bildung helfen, sich in der Welt zu orientieren. Andererseits verändert sich die Welt so schnell, dass niemand mehr sagen kann, was man wissen oder können muss, um sich in der Welt zu orientieren. Der Schluss liegt nahe, entweder sich nur mit jenen Fragen zu beschäftigen, die aktuell für die kindliche Seele brennend erscheinen, oder nur solche allgemeinen Fähigkeiten zu entwickeln, von denen man annimmt, dass sie in naher Zukunft wichtig sein werden. Dass dabei das Leben selbst die beste Lehrmeisterin ist – eine alte Weisheit –, wird in modischem Gewand als Innovation verkauft. Pädagogik – also die Führung junger Menschen durch Erwachsene – soll durch »Bioagogik« ersetzt werden, durch »Lebensführung«, denn Lernen und Leben sind Synonyme: »Lernen ist eine Existenzform des Menschen«.[22] Am besten wäre es, Kinder einfach dem Leben zu überlassen, sie werden schon das für sie Wichtige entdecken und sich selbst beibringen. Der erfolgreiche »Dokumentarfilm« *Alphabet* von Erwin Wagenhofer hat mit allem Pathos, zu dem das Kino fähig ist, solch eine Geschichte erzählt und den Kontrast zwischen chinesischen Drillschulen und einer scheinbar zwanglosen Selbstbildung gekonnt, wenn auch plakativ in Szene gesetzt.

Das Leben also. Die Erfahrung. Nur durch diese lernen wir, behauptet der Bildungsexperte, und er hat dafür immerhin bedeutende Gewährsmänner: »Eine Unze Erfahrung, hat Benjamin Franklin, einer der Gründungsväter der Vereinigten Staaten von Amerika, gesagt, ist so viel wert wie eine Tonne

Theorie.«[23] Wieder wird das Lied von der grauen Theorie und dem grünenden Baum des Lebens angestimmt und dabei übersehen, dass die moderne Lebenswelt, die solch eine Revolutionierung des Bildungssystems hin zur Lebensnähe angeblich notwendig macht, in hohem Maße das Ergebnis grauer Theorie ist. Der Erfolg und die Attraktivität der Bildung, von der auch der Bildungsexperte zehrt, hat seine Wurzel in der Distanz der Bildung zum Leben, nicht in ihrer Nähe zu diesem. Der Bildungsexperte hat eine einfache, aber zentrale Einsicht vergessen: »Wäre Bildung Leben im Sinne des unmittelbaren Lebensvorganges, so könnte sie dem Leben überlassen bleiben.«[24]

Wenn es nichts mehr zu vermitteln gibt, weil nur noch solche Fragen interessieren, die sich dem jungen Leben unmittelbar stellen, dann wird auch der Lehrer überflüssig. Er hat nichts mehr zu lehren, denn das Leben lernt sich ja ohnehin von selbst. Nein, nicht ganz von selbst, ein bisschen Betreuung kann doch nicht schaden. Der Lehrer wird zum Coach, zum »Lernbegleiter«, der Schüler wird zum »Lernpartner«. Man begegnet sich auf Augenhöhe, der Lernbegleiter bietet nur dann Hilfe an, wenn der Lernpartner sie einfordert. Im Prinzip aber lernt der Lernende von sich aus, autonom, selbstbestimmt, und er kontrolliert auch selbst seinen Lernfortschritt. Aus dieser Position verstehen sich auch die berüchtigten »pädagogischen Urbitten« des Peter Fratton: Erziehe mich nicht! (sondern mach mich vertraut und begleite mich); Bring mir nichts bei! (aber lass mich teilhaben); Erkläre mir nicht! (doch gib mir Zeit zu erfahren); Motiviere mich nicht! (aber dich).[25]

Keine Frage, hier entfaltet sich eine Idylle – doch diese ist wie jede Idylle trügerisch. Das alte Problem, wie junge Menschen zur Mündigkeit geführt werden können, wird gelöst, indem durch einen Federstrich diese schon von Anfang an für mündig erklärt werden. Dass dort, wo solche Konzepte des autonomen Lernens ausprobiert werden, vor allem Kinder, die aufgrund ihrer sozialen Herkunft wenige Voraussetzungen dafür mitbringen, hoffnungslos überfordert sind, muss geflissentlich ausgeblendet werden. Entscheidender aber ist, dass auf das Grundprinzip aller Kultur, nach dem die nachfolgenden Generationen auf den Errungenschaften und Erkenntnissen der vorangehenden aufbauen können, demonstrativ verzichtet wird. Generell wird die fundamentale Einsicht ignoriert, dass Lernen »nur zu einem geringen Teil darin besteht, dass Menschen sogenannte ›eigene‹ Erfahrungen machen. Es geht wesentlich auch darum, *Fremderfahrungen*, insbesondere natürlich die Erfahrungen der früheren Generationen in Form von Kulturgütern [...] zu übernehmen.«[26]

Natürlich kann man jeden alles noch einmal entdecken lassen, und es klingt gut, wenn die solcherart in Projekte verstrickten Pubertierenden nun rasch zu »Jungforschern« mutieren. Es ist sicher auch sinnvoll, hin und wieder exemplarisch zu erfahren, was es heißt, eine Frage oder ein Problem von Grund auf und unter verschiedenen Aspekten zu bearbeiten. Aber, auch wenn es den Bildungsexperten im Herzen weh tun mag, der Sinn der modernen Schule – neben den ökonomischen Notwendigkeiten, die etwa zu Alphabetisierungsprogrammen geführt haben – bestand und besteht darin, die zentralen Erkenntnisse und Ergebnisse von einigen Jahrtausenden menschlichen Strebens nach Wissen zu bündeln, zu systematisieren und zu vermitteln, um überhaupt erst Grundlagen zu schaffen, auf denen sich jene Kreativität und Originalität entfalten können, von denen alle schwärmen. Jungen Menschen viel Zeit einzuräumen, damit sie das Rad noch einmal erfinden, mag gut klingen, in Wirklichkeit wird ihnen damit Lebenszeit gestohlen. Das Rad muss erst dann noch einmal erfunden werden, wenn vergessen wurde, was es damit auf sich hat.

Tatsächlich befördert das Konzept des lebensnahen Lernens das kulturelle Vergessen. Vieles muss dann noch einmal entdeckt werden, und nicht zuletzt der Bildungsexperte ist ein gutes Beispiel dafür. Das meiste, was er uns als revolutionäre Erkenntnis mitteilt, findet sich in den Klassikern der Pädagogik von Comenius bis Humboldt ebenso wie in der Reformpädagogik des frühen zwanzigsten Jahrhunderts. Und gerade die Glorifizierung des Lebens als eigentlicher Ort des Lernens hat nicht nur zu einer veritablen Geist- und Wissenschaftsfeindlichkeit geführt, sondern die Schule auch jener Funktion beraubt, um derentwillen sie überhaupt in der modernen Gesellschaft eine Daseinsberechtigung beanspruchen kann: ein Ort der Muße und des Lernens zu sein, der tendenziell befreit ist von den Zumutungen und Notwendigkeiten des Lebens. Wer sich nur dem widmet, was er unmittelbar benötigt, wer sich immer nur an Brauchbarkeit und an Verwertbarkeit orientiert, wird letztlich beschränkt bleiben.

Bei aller Ambivalenz und bei aller notwendigen Kritik an den inhumanen Seiten von Bildungssystemen besteht deren Leistung – von der platonischen Akademie über die mittelalterlichen Klosterschulen und Universitäten bis zu neuzeitlichen und modernen Bildungsanstalten – darin, institutionell abgesicherte Orte zu etablieren, die es erlauben, jenseits der Dringlichkeiten des Tages Kenntnisse zu erwerben und die Geheimnisse der Welt zu erforschen. Die Freiheit, die Freude, die Lust, die darin liegen kann, sich mit Fragen, Geschichten, logischen Operationen, Sprachen, Kunstwerken, Naturphänomenen zu beschäftigen, ohne sich immer schon Rechenschaft darüber ablegen zu müssen, ob man damit imstande sei, aktuelle oder zukünftige Probleme zu lösen, wird den jungen Menschen durch eine falsch verstandene Lebensnähe im großen Stil ausgetrieben. Damit wird ihnen aber die Chance genommen, genau jenen weiten Horizont zu entwickeln, der rhetorisch immer eingefordert wird. So wichtig Erfahrungen sind – wir machen sie ohnehin; ein Bildungssystem erhält seinen Wert dadurch, dass es Möglichkeiten des Kennenlernens und Erkennens von Dingen eröffnet, die in der Welt der jugendlichen Erfahrungen unmittelbar nicht vorgesehen sind. Unsere selbsternannten Bildungsexperten gehen deshalb, ohne dass ihnen Besorgnis und der Wille zum Guten abgesprochen werden sollen, in die Irre.

Aber immerhin, der Bildungsexperte und seine Adepten in der Politik und der Öffentlichkeit haben es geschafft, dass es einige pädagogische Glaubenssätze gibt, denen nur mehr um den Preis, als hoffnungslos reaktionär zu gelten, widersprochen werden könnte. Dazu gehören die beliebten Thesen, dass es nichts Schlimmeres als Frontalunterricht und nichts Besseres als Projektarbeit gebe, dazu gehört die Vorstellung, dass sich alles in Wohlgefallen auflöse, löste man erst einmal die Jahrgangsklassen auf, dazu gehört der Hinweis, dass schematisierte Unterrichtsstunden eigentlich ein Übel seien, dazu gehört der Glaube, dass zwar der Unterricht individualisiert, das Unterrichten aber in Form des »Teamteachings« kollektiviert werden müsse, dazu gehört die feste Überzeugung, dass Ziffernnoten ungerecht, verbale Beurteilungen, die sich dem Zeitgeist, den Erwartungen der Eltern und der Phraseologie der Empathie beugen, gerecht seien, und dazu zählt auch die Vorstellung, dass traditionelle Fächer und Disziplinen zugunsten von problemorientierten Vernetzungen, Clustern und Bündeln aufgelöst werden müssten. In Wahrheit bilden diese Glaubenssätze die Knotenpunkte der grassierenden Praxis der Unbildung.[27]

In manchem, wenn auch nicht in vielem, hat der Bildungsexperte sicher auch Recht. Was dabei stört, ist dieser Gestus des Alles oder Nichts, das raunende Beschwören einer unmittelbaren Katastrophe und das schrille Mahnen zur Umkehr, Einkehr oder zu völligem Neubeginn. Der Bildungsexperte ist der letzte Erlöser und Heilsbringer in einer säkularisierten Welt, und das wundert einen auch nicht, gilt Bildung heute doch als jenes Gut, das – so wie früher der Glaube – für die – nun natürlich irdische – Glückseligkeit des Menschen zuständig ist. Deshalb nehmen Bildungsdebatten immer öfter die Gestalt von Glaubenskämpfen an, und der Bildungsexperte spielt dabei die Rolle des Propheten. Er kann sich weder mit der Unzulänglichkeit eines Systems noch mit der Unzulänglichkeit von Menschen anfreunden. Deshalb muss das System geändert, und die Menschen müssen ausgetauscht werden – vor allem die Lehrer, weniger die Schüler. Wenn sich erst die Direktoren ihre Lehrer selbst aussuchen können und wirklich nur noch die Besten Lehrer werden dürfen, dann wird alles gut. (Woher die Direktoren, die früher womöglich keine besonders guten Lehrer waren und nicht selten aus politischen Gründen avancierten, nun plötzlich die Kompetenz für unbestechliche Personalentscheidungen beziehen sollen, bleibt ein Rätsel.) Die Tragik des Bildungsexperten liegt darin, dass viele seiner Rufe von der Bildungspolitik mit Wohlgefallen gehört und aufgegriffen werden, in der Wirklichkeit aber sich durch die davon abgeleiteten Reformen das Gegenteil von dem abzeichnet, was sich der Bildungsexperte erträumte. *Im Bildungsexperten zeigt sich so die Praxis der Unbildung in ihrer pathologisch-schwärmerischen Gestalt.*

Dabei wäre alles ganz einfach: Natürlich brauchen wir Diskussionen und Diskurse über Bildung. Natürlich sind dabei das Wissen und die Erfahrung von Menschen gefragt, denen Bildung ein Anliegen ist, die für ein Recht auf Bildung kämpfen und sich nicht damit zufriedengeben, den Begriff der Bildung so lange umzudeuten und die Praxis der Bildung so zu verzerren, bis es sich nicht mehr lohnt, dafür zu kämpfen. Bildungsdiskurse dürfen nicht von Konzepten beherrscht sein, die wohlmeinend, aber widersprüchlich, ideologisch aufgeladen und realitätsfern, nur vordergründig kindgerecht, tatsächlich aber geistfeindlich sind. Wir benötigen für diese Diskussionen vorab die Bereitschaft, der Realität in die Augen zu sehen, den Blick zu öffnen für das, was sich abseits von Phrasen, Schlagworten und Heilslehren an Schulen und Universitäten, in Klassenzimmern und Seminarräumen, in den Pausen und auf den Schulhöfen tatsächlich abspielt. Ein erster Ansatz wäre, einmal denen zuzuhören, die täglich mit Fragen der Erziehung und Bildung befasst sind: den Lehrern zum Beispiel. Dazu wäre es aber notwendig, sie zu ermutigen, ihre Erfahrungen und ihr Wissen zu publizieren, ohne sofort mit dem Verweis rechnen zu müssen, dass sie ohnehin nur ihre Standesinteressen vertreten. Etwas Ehrlichkeit und der Verzicht darauf, Bildung als Heilsbotschaft misszuverstehen, würden fürs Erste schon genügen.

3. KOMPETENTER UNGEIST

Das Verschwinden des Wissens

Es ist gespenstisch: Wie von Geisterhand geführt, hat sich in den vergangenen Jahren, von der Öffentlichkeit nahezu unbemerkt, eine der radikalsten Veränderungen an Schulen und Universitäten vollzogen, ein Bruch mit einer jahrhundertealten Tradition, eine völlige Neuorientierung und Neufassung dessen, was Bildungseinrichtungen zu leisten haben und was die Absolventen solch einer Einrichtung auszeichnen soll. *Kompetenzorientierung* lautet das Zauberwort, das nun die Lehr- und Studienpläne dominiert, das alles, was man bisher glaubte, lehren und vermitteln zu müssen, hinfällig werden lässt, das endlich garantieren soll, dass anstelle toten Wissens brauchbare Fähigkeiten erworben werden, und das verspricht, dass nichts Unnützes mehr gelernt wird, sondern nur mehr das, was mit der Lebenswelt von Schülern und Studenten, mit ihren Bedürfnissen und Problemen zu tun hat oder auf diese anzuwenden ist. Das Ziel von Bildungsprozessen ist nicht mehr eine wie auch immer definierte Bildung, weder als Inhalt noch als Form, sondern der umfassend kompetent gewordene Mensch, der mit einem Satz von allgemeinen Fähigkeiten ausgestattet ist, der es ihm erlaubt, sich in jeder Situation die wichtigen Informationen zu beschaffen und die angemessenen Entscheidungen zu treffen. Gleichzeitig verspricht die Umstellung von Bildung auf Kompetenzen endlich verlässliche Instrumentarien zu schaffen, um genaue Messungen und Bewertungen vorhandener Kompetenzen auf unterschiedlichen Niveaus vornehmen zu können.

Orientiert am »Gemeinsamen Europäischen Referenzrahmen für das Erlernen von Sprachen«, wie ihn der Europarat empfohlen hat, werden im »Europäischen Qualifikationsrahmen« mittlerweile für alle Bereiche und Fächer acht Kompetenzniveaus unterschieden. Der Nimbus internationaler Tests wie Pisa rührt auch daher, dass damit Kompetenzen angeblich genau vermessen und deshalb auch verglichen werden können.

All das hat eine gewisse Logik. Historisch gesehen wurzelt das Kompetenzkonzept nicht in der Pädagogik oder Bildungstheorie, sondern in der Ökonomie, genauer in dem Bestreben, Arbeitsleistungen messbar, vergleichbar und damit optimierbar zu machen. Möglich, dass dieser Hang zum permanenten Beobachten und Überprüfungen von Leistungen tatsächlich bis in die pietistische Kultur der Gewissenserforschung zurückverfolgt werden kann.[1] Wichtig ist, dass die ersten Kompetenzmessungsmodelle im Zuge der »Psychologisierung des Wirtschaftslebens« mit dem Ziel entwickelt worden waren, Prüfungsverfahren für die unterschiedlichsten Fähigkeiten, Fertigkeiten und Persönlichkeitsmerkmale von Menschen zu gewinnen, um deren Einsatz für das Unternehmen zu optimieren.[2] In diesem Geist wurde dieses Konzept dann in die Pädagogik übertragen und machte dort Karriere. Heinrich Roth, der den Begriff der Kompetenz in den Erziehungswissenschaften propagierte, hatte noch im Anschluss an klassische emanzipatorische Konzepte als zentrales Bildungsziel die »Mündigkeit« definiert und diese als »Kompetenz für verantwortliche Handlungsfähigkeit« bestimmt. Die von ihm vorgeschlagene Unterscheidung in »Selbstkompetenz«, »Sachkompetenz«, »Methodenkompetenz« und »Sozialkompetenz«[3] eröffnete die Perspektive auf eine beliebige Erweiterung der Kompetenzen: Aktuell wird neben der »Handlungskompetenz« gerade die »Systemkompetenz« entdeckt.

Wirkmächtig wurde allerdings die Definition der Kompetenz, wie sie Franz E. Weinert im Auftrag der OECD entwickelt hat: »[Kompetenz ist] die bei Individuen verfügbaren oder durch sie erlernbaren kognitiven Fähigkeiten und Fertigkeiten, um bestimmte Probleme zu lösen, sowie die damit verbundenen motivationalen, volitionalen und sozialen Bereitschaften und Fähigkeiten, um die Problemlösungen in variablen Situationen erfolgreich und verantwortungsvoll nutzen zu können.«[4] Es geht also nicht nur um Fähigkeiten und Fertigkeiten – von Wissen, Erkenntnis und Neugier ist nicht mehr die Rede –, sondern auch – und dies ist entscheidend – um Bereitschaften, also Haltungen, es geht um die Kontrolle und Steuerung von inneren Beweggründen, willentlichen Intentionen und sozialem Verhalten, und dies mit einem Ziel: Problemlösungen »nutzen« zu können – was immer dies heißen mag.

Was im Kontext bildungsphilosophischer Theoriebildung noch als interessante Wende in der pädagogischen Anthropologie diskutiert werden konnte, erwies sich – kaum waren diese Konzepte in die Hände von Fachdidaktikern, empirischen Bildungsforschern, Schulreformern und ministeriellen Bürokratien gelangt – in der Praxis als verheerend. Abgesehen davon, dass sich durch diese folgenreiche und maßgebliche Kompetenzdefinition die Vermutung bestätigt, dass es bei der Entwicklung und Überprüfung von Kompetenzen immer auch um den Zugriff auf die Innerlichkeit und die damit verbundenen Formen von Bereitschaft geht, waren dadurch zwei wesentliche Gesichtspunkte der Kompetenzorientierung festgelegt: Alles dient dem Lösen von Problemen und muss deshalb als eine Form von Handlung beschrieben werden können; und alles Problemlösen ist nur dann sinnvoll, wenn es erfolgreich eingesetzt und genützt, also auf konkrete Situationen unterschiedlichster Art angewandt werden kann. Denn nun muss alles, was in einem Lern- und Unterrichtsprozess geschehen kann, als Aktivität der Lernenden beschrieben werden, und alles, was in einem Unterrichts- oder Lernprozess thematisiert werden kann, muss anwendungsorientiert und mit dem Nachweis der Nützlichkeit erfolgen. Dass es etwa auch Ziel eines Lernprozesses sein kann, eine vermeintliche Selbstverständlichkeit oder erfolgreiche Praxis überhaupt erst als – womöglich gar nicht lösbares – Problem zu erkennen, kommt diesem Konzept nicht mehr in den Sinn.

Gleichzeitig erlaubt es der Kompetenzbegriff, als Universalbegriff eingesetzt zu werden, der nicht nur Begriffe wie Schlüsselqualifikation, *soft skills* oder Sachkenntnis in sich aufnimmt, sondern auch beliebig differenziert und aufgefächert werden kann. Dies führt im praktischen Umgang mit dem Begriff der Kompetenz dann zu solchen Absurditäten wie vollkommen beliebigen Kompetenzzuschreibungen, da jede zielorientierte menschliche Tätigkeit irgendwie als eine Form von Kompetenz aufgefasst werden kann – gleichgültig, wie sie zustande kommt oder sich entwickelt. Das Neugeborene ist schon ein umfassend kompetentes Wesen, denn es bringt alles mit, um zu überleben: die Schreikompetenz, die Verdauungskompetenz und die Saugkompetenz. Andererseits kann jede noch so einfache Aktivität oder Lernanstrengung in eine Unzahl von Kompetenzen übergeordneter und untergeordneter Art zerlegt werden.

Der für die Schweiz vorgelegte »Lehrplan 21« brachte es für die Grundschule auf annähernd 4000 Kompetenzen, die entwickelt, geübt, getestet, überprüft und angewandt werden sollen. Das geht nur, wenn jede Selbstverständlichkeit als Kompetenz gewertet und bewertet wird und stimmige Lern- und Kommunikationsprozesse bis zur Unkenntlichkeit zergliedert und isoliert werden. Dass Schüler im Sprachunterricht »ihre

Aufmerksamkeit auf sprechende Personen richten können«, wird rasch zu einer Kompetenz.[5] Es verwundert kaum, dass sich gegen dieses Lehrplanprojekt eine Protestbewegung aus Lehrern und Wissenschaftlern gebildet hat.

Da Kompetenzen nur als operationalisierbare Tätigkeiten beschrieben werden dürfen, begann für die Autoren der kompetenzorientierten Curricula die Suche nach den entsprechenden Verben – denn einfach einen Stoff, eine Sache, eine Aufgabenstellung, ein Thema als Gegenstand eines Unterrichts zu benennen, war von nun an verboten. Die jetzt vorliegenden kompetenzorientierten Lehr- und Studienpläne sind nicht nur Ausdruck abstruser fachlicher und didaktischer Konzepte, sondern auch ein vorläufiger Tiefpunkt in Hinblick auf sprachlichen Ausdruck und Stil. Kein Mensch mit Sprachgefühl kann solche Curricula lesen, ohne in eine tiefe Depression zu verfallen. Oder wie anders soll man auf Formulierungen dieser und ähnlicher Art reagieren? »Über Lesefähigkeiten *verfügen* – Lebendige Vorstellungen beim Lesen von Texten *entwickeln* – Schreibabsicht *klären* – Inhalte (sic!) verstehend *zuhören* – zu Texten Stellung *nehmen* – bei der Beschäftigung mit Texten Sensibilität und Verständnis für Gedanken und Gefühle und zwischenmenschliche Beziehungen *zeigen* – Texte auf Wirkung überprüfen – Lernergebnisse *präsentieren*.«[6]

Das Schöne daran: Diese Beschreibungen geben keine Auskunft, wann und unter welchen Bedingungen solch eine Kompetenz zufriedenstellend zur Schau gestellt wurde. Wann und wie zeigt denn ein Schüler Sensibilität angesichts eines literarischen Textes? Wenn er bekundet, betroffen zu sein? Wenn er sagt, dass es ihm schon einmal ähnlich ergangen sei? Wenn ihn das Gelesene an seine Familie oder Freunde erinnert? Wenn er zugibt, dass das alles nicht sein Problem sei? Dass dort, wo darüber hinaus in diese Kompetenzorientierungen gesellschaftspolitische Zielsetzungen eingeschmuggelt werden, alles in blanke Ideologie umschlagen muss, versteht sich fast von selbst. Was sonst verbirgt sich etwa hinter folgendem Punkt des österreichischen Lehrplans für die Oberstufe der Allgemeinbildenden Höheren Schulen (Gymnasien): »Zu sprachkritischen Diskursen (feministische Sprachkritik, politisch korrekte Sprache) beitragen«? Der Schüler, der in solch einer Unterrichtseinheit etwa mit Verweis auf das Buch *Genug gegendert* von Tomas Kubelik[7] das generische Maskulinum verteidigte, würde von seiner Lehrerin wohl kaum die entsprechende Kompetenzbescheinigung ausgestellt bekommen.

Unter dem Titel *Kompetenz* und den damit verbundenen Versprechen objektiver Bildungsstandards und ihrer Messbarkeit hat sich eine bisher noch nie gekannte Subjektivität und Beliebigkeit in die Unterrichtspraxis eingeschlichen, bei gleichzeitiger exzessiver Ausdehnung des damit verbundenen bürokratischen Aufwands. Und das erklärt, warum die Verben, mit denen angeblich Kompetenzen exakt beschrieben werden, sich für eine Grundschule und für eine Sekundarstufe II in nichts voneinander unterscheiden. Auch der Grundschüler reflektiert sein Verhältnis zur Sprache, genauso wie der Abiturient, und es bleibt dem Lehrer überlassen, festzustellen, wann wer in welcher Situation unter welchen Bedingungen sein Verhältnis zur Sprache nun auf welchem Kompetenzniveau angemessen reflektiert hat.

Die Grundkompetenzen des Philosophieunterrichts in Österreich heißen Wahrnehmen und Verstehen, Analysieren und Reflektieren, Argumentieren und Urteilen, Sich-Orientieren und Handeln. Dass diese Kompetenzen identisch sind mit jenen, die im Religionsunterricht vermittelt werden sollen, überrascht nicht: Es ist alles eins. Sieht man allerdings genauer hin, erwerben Schüler im Philosophieunterricht zum Beispiel eine »phänomenologische Kompetenz«, die allerdings nicht darin besteht, dass sie eine Ahnung von der philosophischen Richtung der Phänomenologie, wie sie Edmund Husserl entwickelt hat, bekommen, sondern sie werden in den Stand gesetzt, »eigene Bewusstseinszustände mitzuteilen«. An solch eine Philosophiestunde, in der Bewusstseinszustände, und zwar sogar eigene, mitgeteilt werden, möchte man ernsthaft gar nicht denken, aber immerhin: Sie wird wohl die immer wieder eingeforderte »Selbstkompetenz« der Jugendlichen stärken. Stutzig könnte man allerdings werden, wenn auch eine »dekonstruktivistische Kompetenz« vermittelt werden soll. Abgesehen von der vielleicht pikanten Frage, ob Paul de Man oder Jacques Derrida im Besitz dieser Kompetenz gewesen waren, verbirgt sich dahinter die Aufforderung an die Halbwüchsigen, »kreativ mit vorgegebenen Materialen umzugehen« und dabei »Neuartiges zu kreieren«.[8] Die Praxis der Unbildung schreckt vor nichts zurück.

Solche Kompetenzen lassen sich tatsächlich für jeden Gegenstand beliebig generieren und vermehren. Für den Philosophieunterricht zum Beispiel ist das Konzept maßgeblich, das Anita Rösch ebenfalls in Anlehnung an die Niveaustufen des »Gemeinsamen Europäischen Referenzrahmens Sprachen« entworfen hat und das neben den oben genannten Grundkompetenzen bis zu vierzig Teilkompetenzen kennt, die, feinsäuberlich zu einer Kompetenzpyramide aufgetürmt, an der Basis die Reflexionskompetenz und an der Spitze die unvermeidliche Handlungskompetenz nennt.[9] Man kann nur hoffen, dass es noch Philosophielehrer gibt, die sich mit dem Denken begnügen und auf das Handeln großzügig verzichten. Dazwischen findet man dann zum Beispiel die interkulturelle Kompetenz und die Konfliktlösungskompetenz. Was letztere betrifft, hätte ein Blick in das wunderbare Buch *Kampfplätze der Philosophie* von Kurt Flasch[10] die Autorin vielleicht dazu bringen können, zumindest für den Philosophieunterricht auch eine Konfliktverschärfungs- oder Konfliktzuspitzungskompetenz einzufordern.

Immerhin, auch von Sachkompetenz ist manchmal noch die Rede, allerdings gibt es für diese weder verbindliche Inhalte noch Themen. Wenn in den Curricula solche Inhalte benannt werden, dann nur exemplarisch, als Beispiel, als eine Möglichkeit, die jederzeit durch eine andere ersetzt werden kann. Damit aber ist der Punkt erreicht, an dem die Kompetenzorientierung tatsächlich in die Negation jedes verbindlichen Wissens umschlägt. Denn all die geforderten Kompetenzen lassen sich an jedem beliebigen Gegenstand erwerben, Reflektieren und Analysieren kann man alles Mögliche, dazu bedarf es keiner spezifischen fachlichen Inhalte.

Kein Philosophielehrer verstieße gegen die Idee der Kompetenzorientierung und den Buchstaben des Gesetzes, der ein Jahr lang Philosophie unterrichtete, ohne dass der Name eines Philosophen fiele, ein philosophisches Buch zitiert würde, eine philosophische Theorie oder ein philosophisches Argument Erwähnung fände, und natürlich müsste auch kein philosophischer Text gelesen werden. Denn »Textkompetenz« im Philosophieunterricht ist einerseits Teil der allgemeinen »hermeneutischen Kompetenz«, bei der es darum geht, Texte »mit ethischen/philosophischen Themen« zu lesen, zu interpretieren und zu verstehen, andererseits zählt das »Erstellen« eigener Texte, ausgehend von einem persönlichen Erlebnis, ebenfalls zu dieser Kompetenz.[11] Nach diesem Modell erlangt man eine moralische Urteilskompetenz auch dann, wenn man die Frage nach Gut und Böse nicht mit Kant oder Nietzsche, sondern anhand der Boulevardpresse diskutiert, und auch bei der Reflexionskompetenz ist es offenbar besser, einmal mit der

Aufarbeitung eigener Erlebnisse und nicht mit Augustinus' *Bekenntnissen* zu beginnen. Wenn philosophische Texte im kompetenzorientierten Philosophieunterricht noch Verwendung finden, dann als potentielle »Dialogpartner«, die einen kleinen Beitrag zum Erwerb der »Dialogkompetenz« leisten dürfen. Nach einigen Jahren kompetenzorientierten Unterrichts werden auch die größten Namen der Philosophie, die bedeutendsten Werke der Weltliteratur, die wichtigsten Gestalten der Geschichte zu Fremdwörtern geworden sein.

Blickt man genauer hin, muss man erkennen, dass sich unter dem Deckmantel der Kompetenzorientierung eine Grundkonstellation des Erkennens und damit der Bildung glatt in ihr Gegenteil verwandelt hat. In dem Maße, in dem Kompetenzen als formale Fertigkeiten verstanden werden, die an beliebigen Inhalten erworben werden können, konterkariert man die Idee jedes durch Neugier motivierten Erkenntnis- und damit Bildungsprozesses: »Noch nie hat sich ein Mensch in einem wirklichen Bildungsprozess etwa für eine bestimmte philosophische Lebensauffassung interessiert, bloß um daran seine eigene Argumentationskompetenz zu üben, sondern es läuft immer umgekehrt: Ein bestimmter Inhalt fasziniert, lässt nicht mehr los und erhält dadurch eine Verbindlichkeit, auf die der verstehenwollende Mensch gleichsam genötigt ist, durch die Ausbildung bestimmter Kompetenzen zu antworten, um dem Anspruch der Sache gerecht werden zu können.«[12] Genau um diese Faszination, die von einer Sache, einem Thema, einem Gegenstand, einem Namen, einem Buchtitel, einer Frage ausgehen kann, werden kompetenzorientiert unterwiesene Kinder und Jugendliche gebracht; sie werden damit um die Chance betrogen, überhaupt ein substantielles Interesse an der Welt und an sich selbst entwickeln zu können. Gerade die vielgerühmte »Selbstkompetenz« erweist sich als ungeheuerliches Betrugsmanöver, an dessen Ende die Phraseologie des Selbst jede Form der Selbsterkenntnis sabotiert.

Ähnlich verhängnisvoll ist die Vorgabe, dass alles und jedes, was gelernt wird, seine Anwendung finden muss. Denn dies bedeutet, dass die Kunst und die Wissenschaften, die großen Dokumente der eigenen und von fremden Kulturen, Gedanken- und Glaubenssysteme, die Natur und ihre Gesetze ausschließlich unter der Perspektive, ob Kinder und Jugendliche sie in ihrer Lebenswelt irgendwie nützen können, angesprochen und vermittelt werden dürfen. Die damit verbundene geistige und seelische Verarmung ist mit Händen zu greifen. Was dann tatsächlich produziert wird, ohne Wissen, ohne Kenntnis, ohne Tradition, ohne fachliche und methodische Grundlagen, wird selten über das hinauskommen, was Immanuel Kant einmal böse »originalen Unsinn« genannt hat.[13] Und dafür werden Unmengen von Papier mit haarsträubenden Rastern, Modellen und Curricula bedruckt!

Im Gegensatz zu manch beruhigenden Versicherungen verbergen sich hinter der Kompetenzorientierung also nicht alte Bildungsinhalte in neuem Gewand. Es stimmt, dass die Logiken des Lehrens und Lernens so manche Reform überstanden haben, indem man unter einem neuen Titel, unter dem Deckmantel einer elaborierten Phraseologie das tat, was man mehr oder weniger immer schon getan hatte. Wer die letzten Jahrzehnte im Nahbereich von Bildungseinrichtungen verbracht hat, hat unzählige dieser Moden kommen und gehen sehen. Kompetenzorientierung bedeutet allerdings eine völlige Neukonzeption dessen, was Bildung, Lernen und Wissen bedeuten. Die vermeintliche Menschenfreundlichkeit, die sich hinter dem damit verbundenen Anspruch verbirgt, dass es nun endlich nicht mehr darum gehe, was gelehrt, sondern was am Ende eines Lernprozesses tatsächlich aktiv gekonnt und beherrscht werde, übersicht, dass es nie darum gegangen war, die Sphären des Lehrens und Lernens so zu trennen, dass man schematisch von einer *Input-* oder *Outputorientierung* hätte sprechen können. Mitunter hat man überhaupt den Eindruck, dass in der angeblichen Wissensgesellschaft nichts so sehr verachtet wird wie der Erwerb von Wissen. »Faktenwissen« ist zu einem Unwort geworden, diese Form des Wissens muss aus den Schulen verbannt werden, niemand soll mit Dingen belastet werden, die man entweder überall nachschlagen kann oder die ohnehin rasch veralten. Die flächendeckende Umstellung der Lehr- und Studienpläne an Schulen und Universitäten von definierten Kenntnissen und Inhalten auf Kompetenzen ist nur das sichtbarste Zeichen einer generellen Entwertung des Wissens. Beseelt von der Idee, dass es in einer Wissensgesellschaft vor allem darauf ankomme, jene Fähigkeiten zu entwickeln, zu trainieren und zu messen, die es erlauben, kompetent mit jedem beliebigen Wissen umzugehen, wird übersehen, dass dadurch das Wissen tatsächlich beliebig, letztlich bedeutungslos wird. Die Kompetenzen laufen ins Leere. Wer nur gelernt hat, mit Wissen umzugehen, weiß, so paradox es klingt, letztlich nicht, wie er mit Wissen umgehen soll. Denn dazu müsste er etwas wissen. Die Einsicht, dass es eine grundlegende Differenz zwischen dem Abrufen von Informationen und dem Verstehen einer Sache gibt, ist deshalb auch verloren gegangen.

Es gab Zeiten – diese Reminiszenz sei an dieser Stelle erlaubt –, da dachte man anders darüber. In der *Rede zum Schulabschlußjahr am 29. September 1809* hielt G.W.F. Hegel, damals Rektor des Nürnberger Gymnasiums, fest: »Wie die Pflanze die Kräfte ihrer Reproduktion an Licht und Luft nicht nur übt, sondern in diesem Prozesse zugleich ihre Nahrung einsaugt, so muß der Stoff, an dem sich der Verstand und das Vermögen der Seele überhaupt entwickelt und übt, zugleich eine Nahrung sein. Nicht jener sogenannte nützliche Stoff, jene sinnliche Materiatur, wie sie unmittelbar in die Vorstellungsweise des Kindes fällt; nur der geistige Inhalt, welcher Wert und Interesse in und für sich selbst hat, stärkt die Seele und verschafft diesen unabhängigen Halt, diese substantielle Innerlichkeit, welche die Mutter von Fassung, von Besonnenheit, von Gegenwart und Wachen des Geistes ist; er erzeugt die an ihm großgezogene Seele zu einem Kern von selbständigem Werte, von absolutem Zwecke, der erst die Grundlage von Brauchbarkeit zu Allem ausmacht und den es wichtig ist, in allen Ständen zu pflanzen.«[14] Der menschliche Geist entwickelt sich nicht in der Auseinandersetzung mit beliebigen Inhalten; er entwickelt sich auch nicht, wenn man immer nur dort beginnt, wo man schon ist. Er entwickelt sich, wenn er mit den Inhalten konfrontiert wird, die ihre Bedeutung in sich tragen und die es gilt, sich verstehend zu erschließen. Und dies gilt für alle sozialen Schichten!

Die heutige Situation wäre auch so zu beschreiben: Uns fehlt mittlerweile jede Vorstellung davon, dass es geistige Inhalte geben könnte, die Wert und Interesse in und für sich selber haben und deshalb der entscheidende Stoff, die entscheidende Nahrung für die Entwicklung eines jungen Menschen sein müssen. Wissen heute ist ergebnisorientiert und anlassbezogen, es soll sich entweder an den Bedürfnissen der jungen Menschen, an den Wünschen der Arbeitgeber oder an den Herausforderungen der Zukunft, die niemand kennt, orientieren. Auch dort, wo noch alte Sprachen oder die musischen Fächer gelehrt werden, geschieht dies regelmäßig mit dem Hinweis, dass dadurch bestimmte kognitive Fähigkeiten geschult würden, die für das Bestehen im Wettbewerb wichtig seien.

Man könnte es drastischer formulieren: Wir sind zu feige geworden, um uns noch zu geistigen Inhalten zu bekennen, die einen Wert an sich darstellen und deren Kenntnis und Verständnis jenseits aller aktuellen Bedürfnisse eine Befriedigung zu geben vermag. Aus der vielleicht nur vordergründig toleranten Haltung, nur niemanden auszuschließen, keine Denkform und keine Literatur, keine Kultur und keine Religion, keine Lebensweise und keine Meinung, aus dem Versuch, alles und alle zu inkludieren, wird auch verständlich, warum Inhalte aus den Lehrplänen verschwinden müssen: Denn natürlich kann man nicht alles wissen, und wer, wie Hegel, davon ausgeht, dass es Erkenntnisse und Werke gibt, die aufgrund ihres Eigenwerts vorrangig behandelt werden müssen, kann sich der Frage nach einem Kanon, nach dem Rang und Stellenwert wissenschaftlicher Forschungen und künstlerischer Produktionen nicht entziehen. Diese Debatte aber wollen und können wir nicht mehr führen. Deshalb vermitteln und testen wir leere Kompetenzen, die wir für besonders praxis- und lebensnah halten.

Die Kompetenzorientierung beschränkt sich allerdings nicht mehr nur auf die Lehrpläne der Grund- und weiterführenden Schulen. Sie hat längst auch die universitäre Lehrerausbildung, ja die Universitäten insgesamt ergriffen. So wird im Zuge der Umstellung der Lehramtsstudien auf das unselige Bologna-Modell sowohl in Deutschland als auch in Österreich eine Konzeption dieser Studien verlangt, die pädagogischen, sozialen und didaktischen Kompetenzen einen Vorrang gegenüber der fachlichen Qualifikation zuerkennt. Während in solchen Konzepten und Plänen wieder einmal viel von »pädagogischer Handlungskompetenz«, »Sozialkompetenz« und vor allem »Selbstkompetenz« die Rede ist – Letztere wird doch glatt als »Selbstbetroffenheit« definiert, bei der es auf »permanente Selbstaufmerksamkeit (self monitoring)« ankommt[15] –, wird gleichzeitig allen Ernstes gefordert, dass die »überdimensionierte« Ausbildung in den »fachwissenschaftlichen Grundlagen« zugunsten »sozialpädagogischer, sonderpädagogischer und migrantenpädagogischer« Studieninhalte reduziert werden muss.[16] Die Transformation höherer Schulen in sozialpädagogische Anstalten, deren Träger permanent sich selbst beobachtende, fachlich minderqualifizierte Begleiter und Betreuer sein werden – von Lehrern kann man wirklich nicht mehr sprechen –, ist hier schon vorgezeichnet.

Auch die Wissenschaft selbst, wie sie zumindest an Universitäten betrieben und gelehrt wird, muss sich dem Druck der Kompetenzorientierung beugen. Zumindest die Hochschuldidaktik setzt ganz auf diese neue Mode, mit zum Teil skurrilen Ergebnissen, deren Unterhaltungswert nicht gering veranschlagt werden dürfte. So kommt eine »Delphi-Studie« zur Frage der Kompetenzorientierung in der Hochschuldidaktik zu dem Ergebnis, dass für Lehre, Prüfung und akademische Selbstverwaltung mindestens dreißig Kompetenzen erforderlich sind, darunter – man glaubt es kaum – »Kompetenzorientierungskompetenz«, aber auch »Prüfungskompetenz« ist gefragt, ebenso »Innovationskompetenz« und »Durchhaltevermögen«. Vor allem Letzteres, so ist zu vermuten, wird bald hoch im Kurs stehen, geht die Entwicklung weiter wie bisher. Tröstlich immerhin, dass von Universitätslehrern auch eine »ethische Grundhaltung« und, wenn auch nicht vorrangig, sogar »Fachwissen« eingefordert wird.[17] Auch hier gilt: Eine Hochschule hat nicht in erster Linie Wissen zu vermitteln oder in die Arbeitsweise der Wissenschaften einzuführen, sondern die »Handlungskompetenzen« der Teilnehmer zu entwickeln.[18]

Zukünftige Bildungsforscher werden in der Umstellung auf die Kompetenzorientierung vielleicht den didaktischen Sündenfall unserer Epoche sehen, die Praxis der Unbildung schlechthin, und womöglich zur Einsicht kommen, dass Kompetenz genau das bedeutet, was der Philosoph Odo Marquard schon vor Jahren manchen »kompetenten« Vertretern seiner eigenen Zunft unterstellt hatte: Sie seien für nichts zuständig, zu manchem fähig und zu allem bereit.[19] Aber vielleicht ist es genau das, was intendiert ist. *In der Kompetenzorientierung zeigt sich die Praxis der Unbildung in ihrer hypertrophen Gestalt.*

Dabei wäre alles ganz einfach: Alle, die an Bildung interessiert sind, müssten sich darüber verständigen, was Heranwachsende können und wissen sollten, um diese Welt und ihre Situation in dieser zu verstehen. Natürlich sollen und müssen Bildungseinrichtungen welcher Art auch immer Fertigkeiten und Fähigkeiten vermitteln, die notwendig sind, um sich im sozialen und zukünftigen beruflichen Leben zu orientieren. Aber warum muss daraus eine Doktrin gemacht werden, der alles andere, was Bildung noch sein kann und muss, geopfert wird? Warum darf ein junger Mensch keine Begeisterung mehr für Fragen, Gegenstände oder kulturelle Dokumente entwickeln, die auf den ersten Blick vielleicht keinen unmittelbaren Nutzen haben? Warum soll es so schwer sein, Lehr- und Studienpläne zu entwickeln, die ein ausgewogenes Verhältnis von notwendigem Wissen und erstrebenswerten Kompetenzen anstreben? Die sinnlose Kompetenzvermehrung müsste sofort beendet werden, und ohne offene Debatte über den einen oder anderen Kanon, ohne Begeisterung für das eine oder andere »Orchideenfach«, ohne Lust an einer zweckfreien Betätigung des Geistes wird die Frage nach einem gleichermaßen notwendigen wie befreienden Wissen nicht zu beantworten sein. Aber die Vertreter der Kompetenzorientierung könnten in jedem Fall beruhigt sein: Wer in jungen Jahren herausfinden will, was unter »platonischer Liebe« zu verstehen sei und sich deshalb – vielleicht sogar unter Anleitung eines fachlich versierten Lehrers –

Platons *Symposion* vornimmt, wird dabei nicht nur die notwendige Textkompetenz entwickeln, sondern vielleicht auch mehr an Selbst-, Orientierungs- und Sozialkompetenz, als es so manchem seiner Facebook-Freunde lieb sein mag. Und was die Anwendung betrifft: Dafür hat der junge Mensch ja noch ein ganzes Leben vor sich!

4. FÄCHERDÄMMERUNG

Die neue Disziplinlosigkeit

Es ist gespenstisch: Was es – sei es an Schulen, sei es an Universitäten – anscheinend immer gegeben hat, nämlich Gegenstände, Fächer, Disziplinen, Fakultäten, unterliegt aktuell einem rasanten Prozess der Verflüchtigung, der nicht nur altgewohnte und liebgewordene Vorstellungen zerstört, sondern auch die Frage nach den Ordnungen des Wissens völlig neu stellt. Das beginnt mit der Kompetenzorientierung, die operationalisierbare Fähigkeiten und nicht fachspezifische Kenntnisse als zentrale Ziele von Lernprozessen proklamiert, das setzt sich fort in einer impliziten und expliziten Kritik am Konzept von Fachlichkeit, die sich in Begriffen wie Interdisziplinarität, Transdisziplinarität, Fächerbündel oder Aufhebung der Fachgrenzen manifestiert, und das endet in einem Konzept allgemeiner Fachdidaktik, das die Fragen der Vermittlung von den Spezifika des Faches löst und an allgemeinen Bestimmungen kompetenzorientierter Zugangsformen zur vermeintlichen Erschließung der Lebenswelt orientiert.

Während im Zuge der Reformen der Lehrerausbildung an vielen Orten der Anteil der Fachdidaktiken angeblich gestärkt werden soll, droht das, was diesen Didaktiken ihren Sinn und ihre Bedeutung verleiht, einfach zu verschwinden: das Fach. Die Idee von »Fachdidaktik« hatte zwei Voraussetzungen: dass es Fächer gibt und dass die Vermittelbarkeit und Lehrbarkeit dieser Fächer von der Fachlichkeit des Faches bedingt ist. So wie die Idee der Fächer unterstellt, dass es fachspezifische Logiken der Forschung gibt, so unterstellt die Idee der Fachdidaktik, dass die Logik der Vermittlung von der Logik der Fächer nicht getrennt werden kann. Die aktuelle Entwicklung entzieht diesen Voraussetzungen zunehmend den Boden.

Beginnen wir in der Schule. Dass in dieser – wenn auch auf unterschiedlichen Niveaus und je nach Schultyp in unterschiedlicher Gewichtung – Gegenstände unterrichtet werden, die zumindest in einer lockeren Analogie zu den Disziplinen der Wissenschaften gedacht worden waren, galt lange als Selbstverständlichkeit. Der Unterricht in der Muttersprache, dann in alten Sprachen wie Latein oder Griechisch, in lebenden Fremdsprachen, in Mathematik, Geschichte und Geographie, in Naturgeschichte oder Biologie, natürlich in Physik und Chemie, wohl auch in Zeichnen und Musik, mitunter in Philosophie, sicher in Religion, welcher Konfession auch immer, vielleicht auch in Turnen, Sport und Bewegung machte seit langem das disziplinäre, fachliche Gerüst aus, um das sich alles Weitere, das auch in Schulen stattfinden konnte, rankte: das Soziale und das Pädagogische, das Gesellschaftliche und das Ökonomische, das Intime und das Problematische. Letztlich aber ging es darum, mit diesem Fächerkanon in der einen oder anderen Weise zu Rande zu kommen. Gelang dies, war damit die allgemeine Voraussetzung gegeben, um an einer Universität ein beliebiges Fach zu studieren. Damit ist nun Schluss.

Auch die universitären Studienrichtungen verdanken sich einer Tradition, die bis in die Gründungsgeschichte der europäischen Universität im elften Jahrhundert zurückreicht. Die klassischen Fakultäten wie Medizin, Jurisprudenz und Theologie hatten sich bald gebildet, aus der eigentlich als Vorstufe gedachten Artistenfakultät entstanden die alte philosophische Fakultät und in deren Rahmen nahezu alle anderen Disziplinen, von der Mathematik und Geometrie bis zu den

Geschichtswissenschaften, den Philologien und den Naturwissenschaften. Die Moderne steuerte eigentlich nur die Sozialwissenschaften bei. Welche Ausdifferenzierung, Fachbereichs- und Fakultätsordnungen diese Fächer auch genommen haben mögen: In ihrer Substanz blieben sie lange stabil. Und auch damit ist nun Schluss. Gegenüber der klassischen Fakultätenordnung, die bis in die Mitte des zwanzigsten Jahrhunderts gültig war, beobachten wir seit einigen Jahrzehnten eine rasante Vermehrung der Fächer, sowohl im Bereich der Forschung als auch vor allem im Bereich der Lehre. Die Modularisierung der Studien im Zuge der Bologna-Reform und die Generierung immer neuer Studienrichtungen, die in der Regel aus Neukombinationen ohnehin schon angebotener Module bestehen und vor allem durch ihre hochtrabenden englischen Bezeichnungen einer Universität zu einem Profil verhelfen sollen, führen zu einer mittlerweile nahezu unüberschaubaren Vielfalt an Studienangeboten. Dass es sich bei diesen »Mikro-Mastern« mit so schönen Titeln wie »Hospitality Management«, »Global Change Management« oder »Nachhaltige Ernährungspädagogik« in der Regel um »Mogelpackungen« handelt, deren Sterben vorprogrammiert ist,[1] vermag nur wenig über den damit verbundenen Betrug an jungen Menschen, die solch einen Master mit einer wissenschaftlichen Disziplin verwechseln, hinwegtrösten.

Da viele dieser Mikro-Master lediglich die Forschungsvorlieben von Professoren widerspiegeln, dokumentieren sie allerdings auch die zunehmende Spezialisierung und Verengung der Forschungsrichtungen selbst. Man ist heute nicht mehr Historiker, Philosoph oder Physiker, sondern Spezialist für ein schmales Segment unter besonderer Berücksichtigung dieses oder jenes Aspekts. Solche Spezialisierung liegt bis zu einem gewissen Grad in der Logik der Forschung und den damit verbundenen methodischen Verfeinerungen, die sich gleichzeitig als eigenes Fach präsentieren wollen. Wie sinnvoll diese Prozesse sind, mag an manchen Punkten bezweifelt werden. Konterkariert wird diese Entwicklung folgerichtig durch den Ruf nach immer mehr Vernetzung, Inter- und Transdisziplinarität, die es erlauben, die Spezialisten für immer weniger in Forschungsverbünde für fast alles wieder zusammenzubringen. Beide Aspekte nagen am Selbstverständnis von Disziplinen, auch wenn man mit Fug und Recht daran festhalten möchte, dass gerade eine disziplinenübergreifende Forschung das Beherrschen der jeweiligen Einzeldisziplinen voraussetzt. Und manche Forscher bezweifeln überhaupt, ob Interdisziplinarität »außerhalb der PR- und Werbeagenturen jemals ein wirklich neuartiges oder intellektuell kreatives Ergebnis gezeitigt hätte« – eher handelt es dabei um einen »imperialistischen Trend«, eine »aggressive Politik der Ausmerzung von Disziplinarität«, durch die vor allem die Geisteswissenschaften den Methoden, Verfahren und Usancen der Naturwissenschaften unterworfen werden sollen.[2] Es ist auch deshalb ein fragwürdiger Trend, junge Forscher sofort in einen interdisziplinären Kontext zu versetzen, ohne dass sie den Eigensinn, die Logik und die Methodik ihrer Disziplin schon verstanden hätten. Ähnlich, vielleicht prekärer ist der »fächerübergreifende Unterricht« an den Schulen, der keinen Begriff mehr vom Fach haben will und dessen Lehrer in Zukunft durchaus fachfern ausgebildet werden sollen beziehungsweise ungeachtet ihrer Ausbildung in jedem Fach eingesetzt werden können.

Was aber heißt das: Fach? Die Fachlichkeit des Faches als wissenschaftliche Disziplin ist auf der einen Seite durch den Gegenstandsbereich, der erforscht werden will, definiert und auf der anderen Seite durch die Forschungslogik, die die Disziplinen entwickelt haben und denen im Hinblick auf das, was

Wissenschaft will, nämlich einen Erkenntnisgewinn zu erlangen, vertraut wird. Wohl kann man diverse methodische Zugangsweisen zur Welterschließung beschreiben, auf ihre Ähnlichkeit hin befragen und gleichsam Großfächergruppen unterscheiden – bekannt geworden ist in unserer Tradition der Versuch von Wilhelm Dilthey, prinzipiell zwei Arten von Wissenschaft zu unterscheiden: Natur- und Geisteswissenschaften, erklärend die einen, verstehend die anderen, experimentell-empirisch die einen, hermeneutisch die anderen. Ob es nun zwei oder mehrere wissenschaftliche Großkulturen gibt – auch die Sozialwissenschaften oder die Formalwissenschaften könnten hier genannt werden –, ist für unseren Zusammenhang nicht so wichtig; entscheidend ist, dass die Fächer und Disziplinen ihrer eigenen Forschungslogik folgen, auch wenn diese übergreifende Kriterien und Prinzipien kennt. Letztlich orientieren sich alle an einem Konzept von Wissenschaft als entfaltete Rationalität.

In der Wirklichkeit freilich hängt alles mit allem zusammen, und jedes Fach, jeder wissenschaftliche Zugang erscheint der Realität gegenüber als Einengung und methodisch verkürzte Perspektive. Gerade Vertreter ganzheitlicher pädagogischer und didaktischer Konzepte werden nicht müde, diesen Gesichtspunkt zu betonen: »In unserer Zeit der digitalen und vernetzten Kommunikation und der immer anspruchsvolleren Berufsprofile steht das Postulat nach ›Ganzheitlichkeit‹ notwendig vor einer Renaissance.« Und das bedeutet: »Projekte statt Fächer.« Denn Fächer sind »Kunstprodukte«, aber »in der Welt außerhalb der Schule hängen all diese Gebiete untrennbar miteinander zusammen.«[3] Das ist fraglos nicht sonderlich revolutionär, sondern eine alte reformpädagogische Maxime, die mittlerweile pädagogischer *common sense* geworden ist. Praxisrelevanz, Projektunterricht, Lernen durch Erfahrung, multimediale Lernplattformen, soziales Lernen, Kompetenzen, Wirtschaftsnähe, *best practice*, Schule als Lebensraum: Der pädagogische Zeitgeist, daran ist nicht zu zweifeln, setzt ohnehin seit geraumer Zeit auf Anschaulichkeit und Lebensnähe. Je früher die Kinder und Jugendlichen ausschwärmen, Biotope anlegen, Befragungen durchführen, Aktionen initiieren, das Ausland besuchen, in Unternehmen hineinschnuppern, im Internet surfen, in Gruppen diskutieren, ihre Meinung äußern, desto besser. In den diversen Rankings der besten Schulen werden Projektunterricht, der Einsatz elektronischer Medien und ein vielfältiges Angebot an praxisbezogenen Aktivitäten in der Regel hoch bewertet.

Alles hängt mit allem zusammen, und Fächer sind reine Kunstprodukte. Wie wahr! Aber Wissenschaft bestand und besteht genau darin, diesen Zusammenhang zu zerschlagen und mit Perspektiven auf Ausschnitte der Welt auch Fragestellungen, Gegenstandsbereiche, Methoden der Forschung und Verfahren der Vermittlung zu generieren. Wohl stimmt es, dass es keine zwingende Logik gibt, welche vorschriebe, dass die Fächer des Schulunterrichts zentralen Studien- und Forschungsdisziplinen von Universitäten annähernd entsprechen müssten. Die Gründung eigener pädagogischer Fakultäten, *Schools of Education*, Zentren für Lehrerbildung und ähnlicher Einrichtungen an den Universitäten unterstreicht dieses tendenzielle Entfernen der Lehrerbildung – auch für das Höhere Schulwesen – von den Fachwissenschaften.

Diese Verlagerung – weg vom Fach, hin zu vermeintlichen ganzheitlichen pädagogischen Kompetenzen – muss allerdings vor allem unter dem Gesichtspunkt des durch Wissenschaft und Technik bestimmten Charakters unserer Gesellschaft als problematisch gewertet werden. Welches Bild junge Menschen von der Wissenschaft bekommen, entscheidet sich in hohem

Maße in den Schulen, die sie besuchen. Sie dort vor den Verfahren, Methoden, Inhalten, Ergebnissen und Abstraktionen der Wissenschaften bewahren und behüten zu wollen, mag zwar schülerzentriert und lebensweltlich orientiert erscheinen, verkennt aber, worum es in Unterrichtsprozessen zumindest immer auch gehen müsste. Natürlich heißt Abstrahieren von allem Möglichen absehen, natürlich stellen Modelle und Theorien Verkürzungen und Vereinfachungen dar, natürlich bedeutet jeder Inhalt auch eine Komprimierung, natürlich ist jede Methode auch eine Selbstbeschränkung, eine Form epistemischer Askese. Die Disziplinierung des Wissens und damit die Konstitution des Faches waren und sind notwendige, wenn auch nicht hinreichende Voraussetzungen für den Erkenntnisfortschritt. Dass die Ergebnisse einzelwissenschaftlicher Forschung wieder zusammengeführt werden müssen, setzt diese Trennung voraus. Und wer glaubt, jungen Menschen diesen »Umweg« über die Fächer und ihre Methoden ersparen zu können, sie gleich mit der Fülle des Lebens überschwemmt und einer »untrennbaren Mischung aus Kognition und Emotion« überantwortet[4], der sabotiert, willentlich oder aus Gedankenlosigkeit, ihre Erkenntnismöglichkeiten und ihre Chancen, die wissenschaftlich gewordene Welt, in der sie aufwachsen und leben, zu verstehen.

Vielleicht sollte man sich angesichts der die Fächer suspendierenden Phantasien von Ganzheitlichkeit hin und wieder an G. W. F. Hegels gleichermaßen hellsichtigen wie brutalen Grundsatz seiner Didaktik erinnern, der da lautete: »Der Jugend muß zuerst das Sehen und Hören vergehen, sie muß vom konkreten Vorstellen abgezogen, in die innere Nacht der Seele zurückgezogen werden, auf diesem Boden sehen, Bestimmungen festhalten und unterscheiden lernen.«[5] Eine Pädagogik des Denkens, Erkennens und Verstehens will nicht die Sinnlichkeit reizen, sie will die Sinne vergessen machen. Sie beschwört und inszeniert nicht Lebensnähe, sondern hält daran fest, dass das Denken eine Form der Abstraktion und Konzentration ist und eine Störungsfreiheit benötigt, die eine gewisse Lebensferne, eine Distanz zum Alltag, eine methodische Reduktion geradezu als eine Voraussetzung erscheinen lässt. Eine Pädagogik des Denkens lässt die Schüler nicht ausschwärmen, wahrnehmen oder erleben, sondern wirft sie zurück auf die »innere Nacht der Seele«, um ihnen die Möglichkeit zu geben, überhaupt erst einmal einen Gedanken zu fassen. Der Gedanke aber ist der Begriff. Und der Begriff versucht stets ein Allgemeines und – für Hegel – damit Wahres festzuhalten, das in der sinnlichen Einzelheit, in der unmittelbaren Erfahrung, im subjektiven Erleben nicht anzutreffen ist. Gerade weil in der Wirklichkeit alles mit allem zusammenhängt, wir aber diese Totalität nicht erfahren können, müssen wir sie durch die Disziplinierung der Fächer analytisch durchdringen und dann in ihren Zusammenhängen zu begreifen versuchen.

Überraschend übrigens, dass Hegel auch nicht für den Weg plädierte, den Platon im *Symposion* als Weg der Erkenntnis angegeben hat und der sich nach wie vor großer Beliebtheit erfreut: vom sinnlich wahrnehmbaren Einzelnen, von verschiedenen Erscheinungen und Erfahrungen allmählich aufzusteigen zu dem Allgemeinen, vom Konkreten zum Abstrakten. Hegel plädiert dafür, zumindest im Philosophieunterricht, gleich mit den abstrakten Begriffen – platonisch: mit den Ideen – zu beginnen, und dies aus zwei verblüffenden Gründen: Zum einen wäre das der Wissenschaftlichkeit angemessener und zum anderen wäre es in einem didaktischen Sinne leichter. Das Abstrakte, der Begriff, die Idee sind als Resultate der Vernunft und als Inhalte der Philosophie ohnehin immer schon da, der mühsame Weg von der sinnlichen Gewissheit bis zum Wissen des

Begriffs, den Hegels *Phänomenologie des Geistes* exemplarisch gegangen war, braucht nicht noch einmal und vor allem nicht von jedem Menschen gegangen zu werden. Es genügt, wenn der Gedanke, der schon gedacht wurde, nun noch einmal gedacht werden kann. Nachdenken hat hier noch einen präzisen Sinn. Der abstrakte Gedanke aber ist das Einfache, eine klare Bestimmung, eine bündige Definition. Verwirrend, zerstreuend und anstrengend ist die Kontamination des Gedankens mit den vielfältigen Eindrücken der Sinnenwelt.

Für eine moderne Didaktik, die am lebensweltlichen Erfahrungshintergrund der Schüler ansetzen will, muss dies wahrlich abstrus und rückständig klingen. Und dennoch liegt darin eine Einsicht, auf die man nicht verzichten sollte und die sich auch immer wieder bestätigt: Über den Wahrheitsanspruch eines Begriffs oder einer Definition lässt sich sofort trefflich und mit Argumenten streiten, und Schüler greifen solche Angebote auch gerne auf. Man diskutiert – auch außerhalb der Schule –, was »Gerechtigkeit«, »Freundschaft«, »wahre Liebe«, »Religion«, »Wahrheit«, »Gut und Böse« eigentlich bedeuten; subjektive Erfahrungen hingegen können zwar mitgeteilt werden, entziehen sich aber im Wortsinn einer Debatte. Was man empfindet, empfindet man. Interessant werden die Erfahrungen immer erst, wenn das Subjektive an ihnen in einem allgemeinen Begriff oder einer generalisierenden These aufgehoben ist. Gleich mit dieser zu beginnen und sie dann zu den Erfahrungen in Beziehung zu setzen, mag deshalb noch immer eine sinnvolle didaktische Variante darstellen. Und für die viel beklagte Reizüberflutung unserer Zeit hätte Hegel so nebenbei ein ziemlich einfaches Mittel parat: Alles ausschalten! Reizreduktion an den Schulen, Konzentration auf das Wesentliche, weg mit allen Medien, deren bunte, rasch oszillierende Bilderwelt ja bekanntlich nicht nur Schüler am Denken hindert –

auch das wäre eine Option zur Überwindung der Bildungs-krise. Schule, so könnte man im Anschluss an Hegel folgern, wäre als Ort einer pädagogischen Askese wieder einmal neu zu entdecken.

Nun, von Askese wollen wir nicht viel hören. In der Schule sieht es heute, auch ohne große Bildungsrevolution, schon ganz anders aus. Die Fächer, ihre Gegenstandsbereiche und Metho-den dämmern nur mehr vor sich hin, sie sind bestenfalls An-lassfall und Beispiel für die Entfaltung von Kompetenzen aller Art. Aber man sollte sich der Einsicht nicht verschließen, dass inhaltliches Wissen sowie die Grundkenntnisse wissenschaft-lichen Arbeitens und der damit verbundenen methodischen Disziplinierung zu den wesentlichen Aspekten von Bildung ge-hören, nimmt man diesen Begriff noch irgendwie ernst. Wenn Bildung bedeutet, sich in der Welt orientieren zu können, dann muss auch das entwickelt werden, was der Philosoph Peter Bieri den »Sinn für Genauigkeit« genannt hat: »Ein Verständ-nis davon, was es heißt, etwas genau zu kennen und zu verste-hen«, zum Beispiel »ein Gestein, ein Gedicht, eine Krankheit, eine Symphonie, ein Rechtssystem, eine politische Bewegung, ein Spiel«. Und Bieri fährt fort: »Es gibt niemanden, der mehr als nur einen winzigen Ausschnitt der Welt genau kennt. Doch das verlangt die Idee der Bildung auch nicht. Aber der Gebil-dete ist einer, der eine Vorstellung davon hat, was Genauig-keit ist und dass sie in verschiedenen Provinzen des Wissens ganz Unterschiedliches bedeutet.«[6] Einen Eindruck von dieser Genauigkeit und ihrer Gestalt, Rolle und Relevanz in den un-terschiedlichen »Provinzen des Wissens« liefert die Fachlichkeit der Fächer und ihre Propädeutik, wie sie an Schulen unterrich-tet werden sollte. Wer glaubt, darauf verzichten zu können und stattdessen suggeriert, man könne »irgendwie« die Dinge doch in ihrer Totalität erfahren, geht nicht nur in die Irre, sondern kann dies nur tun, wenn auf die kritische Reflexion dessen, was Wissen heißt, was gewusst werden kann und wo die Grenzen des Wissens liegen, verzichtet wird. Wissen muss dann aber durch Ideologien, Glaubenssätze, Befindlichkeiten, Meinungen und Phrasen ersetzt werden. Die lebensnahe Reformschule ist davon nicht so weit entfernt.

Sollte es allerdings doch zutreffen, dass zumal die Höheren Schulen die Voraussetzungen dafür schaffen sollen, jungen Menschen ein Zurechtfinden in der wissenschaftlichen Welt zu ermöglichen, dann müssen Lehrer Personen sein, die sich zumindest im Sinne dieser Genauigkeit in einer Wissenschaft auskennen, sonst werden sie diese Idee nicht vermitteln können. Das aber bedeutet, dass es nicht genügt, einige rudimentäre Erkenntnisse einer Wissenschaft zur Kenntnis zu nehmen und dann weiterzugeben, sondern es muss heißen, selbst zumindest einmal aktiv im Prozess der wissenschaftlichen Arbeit involviert gewesen zu sein. Die sukzessive Verbannung von Bachelor- und Lehramtsstudenten aus den Forschungskontexten ihrer Fächer, die Betreuung dieser Studenten nicht durch Professoren, sondern durch *Lecturers* und externe Lehrbeauftragte, die viel zu frühe Einbindung in die Schulpraxis und deren wiederum nur auf subjektive Erfahrungen rekurrierende Dauerreflexion führt aber in die gegenteilige Richtung.

Der Praxisfetischismus, der sich vor allem in der Lehrerbildung breit macht, ruiniert die Fähigkeit und Bereitschaft, sich überhaupt erst einmal mit einem Fach als Fach auseinanderzusetzen, noch jenseits der Frage, was davon wie in einem Unterrichtsgeschehen relevant sein kann. Wer sein Lehramtsstudium mit schulpraktischen Übungen und fachdidaktischen Kursen beginnt, ohne noch eine Ahnung zu haben, was »Fach« in einem wissenschaftlich-disziplinären Sinn überhaupt bedeuten kann, wird – auch wenn der Zeitgeist es anders will –

nicht gut, sondern denkbar schlecht auf seinen zukünftigen Beruf vorbereitet. Erst vor diesen Überlegungen wird klar, dass die Lehrerausbildung an Universitäten stattfinden muss –, und dies nicht, weil die Pädagogenausbildung insgesamt aus standespolitischen Gründen – wie es in Österreich so schön heißt – »masterwertig« werden muss, sondern weil nur Universitäten durch ihre Verankerung in der wissenschaftlichen Forschung den Lehramtskandidaten ein Naheverhältnis zu dieser offerieren können. Schneiden die Universitäten selbst diese Möglichkeiten ab, indem sie die Bedeutung des Fachs für das Lehramt entwerten, befördern sie letztlich eine Entwicklung, die man als Entwissenschaftlichung unter dem Titel der Akademisierung bezeichnen könnte. Man wird dadurch, im doppelten Sinn des Wortes, disziplinlos.

In manchen bildungspolitischen Konzepten ist die Entwertung des Faches als Fach allerdings schon jetzt sehr beliebt, was sich auch in entsprechenden Modifikationen und Neukonzeptionen des einstigen Fächerkanons niederschlägt. Es gilt mittlerweile als progressiv und wird auch von Bildungsexperten und einer reformberauschten Öffentlichkeit gerne gesehen, wenn die altmodischen Fächer durch »Fächerbündel«, »Fächercluster« oder »Fächerverbände« ersetzt werden. Vor allem an Real- und Hauptschulen setzt sich diese Mode rasch durch. An Gymnasien ist man da noch vorsichtiger, hier zeigt der Fächerkanon ein gewisses Beharrungsvermögen. Vorab haben diese Konzepte allerdings weniger einen pädagogischen als einen kabarettistischen Wert. Da es noch keine etablierte Logik für solche Fächerverbände gibt, sind dem Erfindungsreichtum und den Kombinationsmöglichkeiten keine Grenzen gesetzt. In der Praxis bedeutet dies, dass man in Deutschland nicht mehr wie früher davon ausgehen kann, dass man, egal ob man in Thüringen, Sachsen-Anhalt, Bayern oder Baden-Württemberg zur Schule geht, das Fach Mathematik oder das Fach Chemie oder das Fach Deutsch oder das Fach Geographie auf seiner Stundentafel findet. In Baden-Württemberg zum Beispiel hat man die vermeintlichen naturwissenschaftlichen Fächer zur Gruppe MNT zusammengefasst: Materie, Natur, Technik, in der Orientierungsstufe der Gymnasien zu NT, Naturphänomene und Technik – was vor allem bei Biologen, die ihr beliebtes Fach verschwinden sehen, auf wenig Begeisterung stößt.[7] An den Realschulen desselben Bundeslandes kennt man aber NWA: Natur und wissenschaftliches Arbeiten. Brav kompetenzorientiert steht hier die Aktivität im Zentrum, löblich durchaus, allerdings mit dem kleinen Wermutstropfen, dass offenbar nur in und mit der Natur wissenschaftlich gearbeitet wird. An den Hauptschulen dieses Bundeslandes hat man dafür nicht mehr Geschichte und Geographie oder Deutsch, sondern man hat WZG: Welt, Zeit, Gesellschaft. Mit solchen Begriffen – Welt, Natur, Materie, Kosmos, Zeit, Gesellschaft – ist man schon nahe an der Idealvorstellung, den Hauptschülern die Totalität der Welt als Totalität zu vermitteln. Aber das ist noch nicht die ganze Welt, es gibt doch auch noch EWG. Das bedeutet natürlich nicht »Europäische Wirtschaftsgemeinschaft« oder »Einer wird gewinnen« – diese Abkürzungen sind nur noch für Historiker interessant –, sondern: Erdkunde, Wirtschaftskunde, Gemeinschaftskunde. Und für die musisch Interessierten oder gar Begabten, die bekanntlich meist auch Wert auf die Ästhetik des Körpers legen, gibt es doch glatt das Fächerbündel MSG: Musik, Sport, Gestalten. Soweit die schöne neue Welt, wie sie sich an Baden-Württembergs Schulen etabliert.

Was aber, wenn jemand nach Bayern wechseln will und sich für Naturwissenschaften interessiert? Dort heißt das entsprechende Fächerbündel weder NMD noch NWA, sondern PCB.

Was das heißt? Man glaubt es kaum: Physik, Chemie, Biologie. Eine typisch geniale bayerische Lösung: Alles bleibt beim Alten, aber man ist sehr modern. Keine neue poetische Umformulierung, sondern drei traditionelle Fächer zusammengefasst zu einem Fächercluster, so wie auch GSE: Geschichte, Sozialkunde, Erdkunde. Das ist Zeitgeistkosmetik, die man sich auch leicht ersparen könnte. Anders sieht es mit neu *geclusterten* Fächern aus wie AWT: Arbeit, Wirtschaft, Technik, wo so klar nicht ist, was sich dahinter alles verbirgt, ähnlich wie das in Niedersachsen unterrichtete Fächerbündel WUK: Welt und Umwelt. Allerdings: Umwelt meint hier nicht nur die physische Umwelt, denn in WUK wird auch Geschichte unterrichtet, und es ist ein schöner Zug, auch die Vergangenheit als Umwelt zu interpretieren. Wahrscheinlich darf dann nur solches zur Sprache kommen, was als Gedenkstätte in der unmittelbaren Umwelt des Schülers präsent ist. Ob auch vergangene Ereignisse, die sich nicht durch Relikte in der Umwelt präsentieren, noch Gegenstand des Unterrichts sein dürfen, bedarf wahrscheinlich noch einer Expertendiskussion.

All diesen Versuchen – sofern sie nicht etablierte Fächer additiv zusammenlegen – ist gemeinsam, dass nicht nur poetische oder unfreiwillig komische Kombinationen erfunden, sondern vor allem, dass neue Fächerkonglomerate konstruiert werden, die ohne Kriterien, ohne Tradition, ohne methodische Absicherung, ohne inhaltlich definierte Ausrichtung und Zielsetzung der Beliebigkeit Tür und Tor öffnen müssen und dass sowohl in der Ausbildung der Lehrer als auch in ihrer alltäglichen Praxis dem Dilettantismus Vorschub geleistet werden muss. In Österreich hat man deshalb per Gesetz vorsorglich festgelegt, dass im Prinzip jeder Lehrer – auch in der gesamten Sekundarstufe – in jedem Fach oder in jedem Fächerbündel eingesetzt werden kann. Zumindest entspricht dieser legalisierte Dilettantismus durchaus dem Zeitgeist.[8] Diesem Dilettantismus korrespondiert auch der Trend, in der Lehramtsausbildung an den Universitäten mit den Fächern auch die fachspezifischen Didaktiken zu marginalisieren und durch Bereichsdidaktiken für Sprachen, naturkundliche und sozialkundliche Fächerkonglomerate zu ersetzen.

Die eigentliche und entscheidende Liquidation der Fachlichkeit der Fächer erfolgt allerdings weniger durch modische organisatorische und terminologische Spielereien, sondern durch die Kompetenzorientierung als generelles Prinzip des Lehrens und Lernens. Da die Kompetenzen, wie immer sie formuliert sein mögen, in keinem logisch zwingenden Verhältnis zu Inhalt und Methode einer wissenschaftlichen Disziplin stehen, hört diese auf, ein besonderer Gegenstand der Auseinandersetzung, der Aneignung und des Verstehens zu sein. Damit hört aber auch der Gegenstandsbereich, der Aspekt der Welt, der zum Objekt der forschenden Neugier geworden war, auf, ein erstrebenswertes Ziel des Unterrichts zu sein. Wem es nur darum geht, die Lesekompetenz seiner Schüler zu fördern, für den ist das, was gelesen wird, kein Wert mehr an sich; wenn der Inhalt als Aufgabe, Rätsel, Herausforderung, Provokation verschwindet, verschwindet aber das, von dem noch Aristoteles glaubte, dass es konstitutiv für den Menschen sei: sein Streben nach Wissen, seine Neugier: »Bildung beginnt mit Neugierde. Man töte in jemandem die Neugierde ab, und man stiehlt ihm die Chance, sich zu bilden. Neugierde ist der unersättliche Wunsch, zu erfahren, was es in der Welt alles gibt. Sie kann in ganz verschiedene Richtungen gehen: hinauf zu den Gestirnen und hinunter zu den Atomen und Quanten; hinaus zu der Vielfalt der natürlichen Arten und hinein in die phantastische Komplexität eines menschlichen Organismus; zurück in die Geschichte von Weltall, Erde und menschlicher Gesellschaft, und nach vorn zu der Frage, wie es mit unserem Planeten, unseren Lebensformen und Selbstbildern weitergehen könnte. Stets geht es um zweierlei: zu wissen, was der Fall ist, und zu verstehen, warum es der Fall ist.«[9]

Das sind die Fragen, um die es in Bildungsprozessen gehen muss; und diese Fragen können gestellt und versuchsweise durch die Anstrengungen der wissenschaftlichen Disziplinen, durch das, was die Fächer leisten, bis zu einem gewissen Grad auch beantwortet werden. Neugierde bedeutet, dass sie sich immer auf *etwas*, einen *Gegenstand* richtet. Niemand ist neugierig darauf, eine Kompetenz zu entwickeln. Wo es nur um die Schulung formaler Fähigkeiten geht, mutieren diese Fragen zu beliebig austauschbaren Anlässen, denen selbst keine weitere Bedeutung mehr zukommt. Wenn etwa an einem literarischen Text ein bestimmtes Lesekompetenzniveau erarbeitet und überprüft worden ist, interessiert der Text nicht weiter. Dass der Text selbst und seine Erschließung Ziel eines Unterrichts sein kann, ist der kompetenzorientierten Bildungskonzeption fremd geworden. In der Fächerdämmerung, die sich über unsere Schulen und teilweise auch Universitäten senkt, verschwindet so ein essentielles Moment europäischer Bildung: der Hunger nach Erkenntnis, der Wille zur Welt, die Konzentration auf eine Sache, die Neugier auf alles Mögliche und nicht nur auf das, was heute oder morgen nützen kann. Die neue Disziplinlosigkeit führt zu einer Verwahrlosung des Denkens und einer Abwertung des Wissens, die nur im Interesse jener sein kann, die kein Interesse an gebildeten Menschen haben, da die Dummheit zu den Fundamenten ihres Geschäftsmodells zählt. *In der Forderung nach Aufhebung und Überschreitung der Fachgrenzen zeigt sich die Praxis der Unbildung in ihrer unbedarft-aggressiven Gestalt.*

Dabei wäre alles ganz einfach: Es gibt keinen vernünftigen Grund, den Fächerkanon an Höheren Schulen substantiell zu ändern, immer neue Kombinationen zu versuchen und mit abenteuerlichen Bezeichnungen zu experimentieren. Diese Kosten kann man sich sofort sparen! All das, was man sich an Kenntnissen und Fähigkeiten erwartet, um sich in der Welt und Wissensgesellschaft orientieren zu können, hat die Aneignung der methodischen Prinzipien und wichtigsten Inhalte der Fächer zur Voraussetzung. Erst mit diesem Rüstzeug ausgestattet, kann man wirklich erfolgreich fächerübergreifend und projektorientiert arbeiten. Im Gegensatz zum Schulen leerer Kompetenzen hat die Auseinandersetzung mit einem Fach immer den Vorteil – nicht den Nachteil! –, dass es dabei um eine Sache, ein Thema, eine Frage geht, deren Relevanz und Faszination nicht zuletzt davon abhängt, ob eine Lehrkraft zur Verfügung steht, die selbst davon intellektuell und emotional affiziert ist und diese Begeisterung weiterzugeben imstande ist. Dafür Hinweise und reflektierte Handreichungen zu geben wäre Aufgabe der Fachdidaktiken, nicht das Trainieren von Verhaltensweisen und Befolgen von Rezepturen. Das aber bedeutet: Auch in einem universitären Lehramtsstudium bleibt das Fach weiterhin der zentrale Aspekt, an den sich Fragen der Pädagogik und der sozialen Aspekte von Schule anschließen. Nur der Vorrang des Fachs stellt die Bedingung dafür dar, dass es an Schulen und Universitäten um Bildung geht, sofern diese untrennbar mit den Möglichkeiten, aber auch den Grenzen von Wissenschaft verbunden ist.

5. POWERPOINT-KARAOKE

Die Destruktion von
Bildung durch ihre Simulation

Es ist gespenstisch: Auf einer Leinwand ist eine wilde Abfolge
von Bildern, Texten, Diagrammen und Objekten zu sehen,
Pfeile erscheinen, verweisen auf etwas und verschwinden wieder, Sprechblasen tun sich auf und schließen sich, und davor
steht ein junger Mensch mit einem Mikrophon in der Hand
oder einem Head-Set um die Ohren und redet sich die Seele
aus dem Leib, um das, was zu sehen ist und was er zuvor noch
nie gesehen hat, vor einem lachenden, johlenden, klatschenden
oder nur gelangweilten Publikum mit einem sinnvollen, wit-
zigen, pointierten oder nur missglückten Kommentar zu versehen: PowerPoint-Karaoke. Was im Jahr 2006 als Aktion der
»Zentralen Intelligenz Agentur« begann, um ironisch die Praxis, zu schlechten Folien schlechte Vorträge zu halten, auf die
Spitze zu treiben, hat sich mittlerweile als Segment der leicht
gehobenen Unterhaltungskultur etabliert; in einer Bar in Neu-
kölln finden sogar »deutsche Meisterschaften« im PowerPoint-
Karaoke statt. Das weniger Komische als Tragische daran: Die
Wirklichkeit hat ihre Persiflage längst überboten. Die an Schulen und Universitäten, bei Kongressen und Tagungen, bei Fort-
bildungen und Veranstaltungen aller Art omnipräsente, ge-
liebte und geforderte PowerPoint-Präsentation, die längst alle
akademischen und nichtakademischen Darstellungs- und Ver-
mittlungsformen von der freien Rede bis zum Lichtbilder-
vortrag, von der akademischen Vorlesung bis zur schulischen

Redeübung und dem seminaristischen Referat abgelöst hat, ist in der Regel von ihrer Karikatur nicht mehr zu unterscheiden.

Eine Marginalie, gewiss. Und die kritischen Anmerkungen zu dieser neuen Kultur- und Präsentationstechnik, die zu Beginn dieser Entwicklung hier und dort zu hören waren, sind mittlerweile verstummt. Die fundamentale Kritik, die der amerikanische Informatiker Edward Tufte Ende des vorigen Jahrhunderts in seinem Essay *The Cognitive Style of PowerPoint* an der damals neuen Präsentationstechnik übte, ist vergessen. Dass PowerPoint dumm mache, weil es Informationen in gefährlicher Weise vereinfache und die Adressaten mit einer Unzahl dieser simplen Folien so überschüttet werden, dass von Verständnis nicht mehr die Rede sein kann, markierte zwar eine pointierte Position in einem medienkritischen Diskurs, allerdings ohne dass sich daraus Konsequenzen für die Praxis ergeben hätten. PowerPoint ist überall und wird von Kindesbeinen an verwendet. Das Vorbereiten und Exekutieren einer »Präsentation« gehört zu jenen Kompetenzen, von denen die Bildungsplaner annehmen, dass sie nicht nur unverzichtbar sind, sondern auch alle anderen bisherigen Formen der Darstellung und Vermittlung überflüssig machen.

PowerPoint ist das Symptom einer Entwicklung, die die Technisierung und Medialisierung des Bildungswesens von Anfang an begleitet und die sich vor allem in dem Glauben ausdrückt, dass beliebige Defizite durch ihre Technisierung gelöst werden können. Der Einzug des Fernsehens, des Videorecorders, programmierter Lernsoftware, des Overhead-Projektors, des Laptops und des Smartphones in den Unterricht war stets von dieser Überzeugung begleitet: Jetzt wird alles anders, jetzt sind die Probleme, die schlechte Lehrer verursachen, ebenso gebannt wie die Abhängigkeit von der Zufälligkeit einer Person oder Situation. Nun können alle alles auf dieselbe Art und

Weise lernen, reproduzieren, darstellen. Seit den 1950er Jahren geistert die Vorstellung durch die moderne Didaktik, die »Automatisierung der Lehre« durch »Lernmaschinen« aller Art werde dazu führen, dass die starren Bildungsinstitutionen aufgebrochen, Hierarchien und Lehrpläne überflüssig und endlich jeder so gut wie alles selber lernen kann.[1]

PowerPoint ist für solch eine Hoffnung ein Beispiel, allerdings mit einer besonderen Pointe, denn diese Technik befördert nicht das selbständige und autonome Lernen, sondern zeigt, wie jeder lehren kann. All das, was im Sinne der klassischen Rhetorik zur eher mühsamen Ausbildung des Redners gehörte und nur wenigen vorbehalten blieb, erledigt sich nun im Handumdrehen. Jedes Kind kann jetzt eine ansprechende Präsentation anbieten, basale Kenntnisse im Umgang mit einer sich im Prinzip selbst erklärenden Software genügen. PowerPoint scheint all jene Vorzüge zu vereinen, die Didaktiker, Trainer und Experten für Kommunikation aller Art immer schon empfohlen und propagiert hatten: Sei anschaulich! Sprich mehrere Sinneskanäle an! Strukturiere die Information! Unterstreiche die wichtige Botschaft! Verdeutliche Relationen durch graphische Elemente! Benutze mehrere mediale Ebenen! Zeige Bilder! Dynamisiere die Darstellung! All diese Imperative lassen sich durch die Software nun problemlos realisieren. Und so kommt es, dass tagaus, tagein weltweit ungezählte Präsentationen in Schulen und Universitäten, in Unternehmen und bei Konferenzen, bei Besprechungen und Podiumsdiskussionen, bei Bewerbungsvorträgen und in der Erwachsenenbildung, in Kindergärten und Altersheimen ablaufen, bei denen bewegte Pfeile auf etwas verweisen, zu jedem Namen ein Gesicht eingeblendet wird, noch die einfachsten Daten als buntes Balken- oder Tortendiagramm erscheinen, wichtige Begriffe und Phrasen in roter Schrift aufleuchten und am Ende, wie das Amen im Gebet, der Satz erscheint: Ich danke für Ihre Aufmerksamkeit!

Wohl wahr: Man kann eine Technik nicht für ihren Missbrauch verantwortlich machen. Und es wäre leicht, sich über die größten Unsitten und Dummheiten solcher Präsentationen lustig zu machen. Etwa darüber, dass vielen Vortragenden nicht mehr einfällt, als seitenlange Zitate, die sie dann nicht vorlesen, zu projizieren und mit dem Hinweis, dass dies jetzt nicht so wichtig sei, nach einer Sekunde wieder auszublenden; oder über die Unsitte, einen Standardvortrag mit möglichst vielen *slides* dadurch an unterschiedliche Situationen und Kontexte anzupassen, dass man überflüssige Folien überspringt oder rasch durchlaufen lässt, versehen mit dem mündlichen Hinweis, dass man da etwas vorbereitet habe, was man jetzt nicht brauchen könne; oder über die technische Unbedarftheit, die auf Größenverhältnisse und dadurch bedingte Rezeptionsmöglichkeiten keine Rücksicht nimmt, was zur Bemerkung führt: »Ich weiß nicht, ob Sie diese Zahlen noch lesen können, aber es ist ohnehin nicht so wichtig.« Ginge es nur um solche Unzulänglichkeiten, die der ziemlich weit verbreiteten Hilflosigkeit geschuldet sind, mit der Technik gleichzeitig adoriert und nicht beherrscht wird, ließe sich die Misere mit einigen Kursen zur angemessenen Verwendung moderner Präsentationsmöglichkeiten beheben.

Es geht aber um mehr. Es geht um die Frage, inwiefern die Logik der Präsentation selbst unsere Konzepte von Wissen und Vermittlung, von Denken und Mitteilung modifiziert. Was die frühen Kritiker an PowerPoint monierten, ist nicht dadurch widerlegt, dass die Zeit darüber hinweggegangen und das neue Medium zu einem Bestandteil des Alltags geworden ist, dessen negative Erscheinungsformen man hinnimmt wie schlechtes Wetter: »Eigentlich durchblickt jeder, was da an Blendwerk betrieben wird, um zu vertuschen, wie wenig der Vortragende zu sagen hat oder preisgeben will. An anderen Referenten wird das […] auch heftig kritisiert. Nur die eigenen Folien, die sind natürlich die strahlende Ausnahme; erhellend, zielführend. Schon klar.«[2] PowerPoint hat unsere Vorstellung davon, was es heißt, einen Gedanken, ein Problem, eine These, eine Argumentation, eine Information jemandem zugänglich zu machen, tatsächlich radikal verändert. Ob es uns dümmer macht, wie von manchen vermutet,[3] bleibe einmal dahingestellt; aber mit PowerPoint denkt und spricht es sich anders als ohne. Und eines gilt allemal: »Wer nichts zu sagen hat, dem hilft auch keine noch so ausgefeilte Technik.«[4]

Genau darin liegt das Problem. PowerPoint suggeriert, dass nun auch dem geholfen wird, der nichts zu sagen hat; und es führt dazu, dass der, der etwas zu sagen hätte, nun so agiert wie der, der nichts zu sagen hat. Die Substanz einer Präsentation wird durch die Technik der Präsentation überdeckt, die Verwendung vorgefertigter Folien und Bewegungen tut ihr Übriges: Worüber man auch spricht, die Bilder, Bewegungen und Gesten der Präsentatoren gleichen sich einander an, die Software erzwingt ein anderes sprachliches Verhalten als andere Formen der Rede oder des Diskurses. PowerPoint normiert lehrendes Verhalten in einem bisher ungekannten Ausmaß.

Die Logik der PowerPoint-Präsentation erfordert einen ständigen Bezug zu dem, was gezeigt wird. Das Wort, das in der Rede selbst alleiniger Träger der Bedeutung ist, wird auf die Geste des Verweises und Hinweises reduziert. PowerPoint-Präsentationen sind nicht nur durchsetzt mit Sätzen wie »Hier sehen wir …«, »Werfen Sie einen Blick auf …«, »Wie dieses Diagramm zeigt …«, »Hier noch einmal dieses schöne Zitat …«, »Ja, so hat der Autor dieser Zeilen ausgesehen …«, »Ach, hier fehlt leider eine Folie …« PowerPoint zwingt jede Rede in die

Form des Kommentars, der Erläuterung, der Beschreibung, der Entschuldigung, des Verweises. Damit aber sind andere Redeweisen wenn nicht ganz ausgeschlossen, so doch in ihrer Präsenz und Wirksamkeit reduziert: die Entwicklung eines Gedankens, die Hinführung zu einer These, die Prüfung von Argumenten, die allmähliche rhetorische Steigerung, die Emotionalisierung des Publikums durch Sprache. Eines hat PowerPoint immer zur Folge: geteilte Aufmerksamkeit. Was in den Urzeiten von Präsentationstechniken die Ausnahme war, wird nun die Regel: dass der Blick und damit auch die innere Ausrichtung und Anteilnahme zwischen der hellen Projektionsfläche, auf der alles Mögliche erscheint und wieder verschwindet, und dem manchmal darauf verweisenden, manchmal davon abweichenden Redner hin und her pendelt. Bei der Sache ist dann niemand mehr, weder der Akteur noch sein Publikum. Das, was zählt, liegt im Dazwischen. Und daraus bezieht auch die ironische Form des PowerPoint-Karaoke ihre Pointen: Es ist die Differenz zwischen Wort und Bild, die zur Erheiterung Anlass gibt. Diese Differenz ist aber nicht ephemer, sondern konstituiert den Modus der Präsentation selbst.

Was sich geändert hat, wird klar, kontrastiert man diese Logik der Präsentation mit den Ansprüchen, die etwa der Theologe und Philosoph Friedrich Schleiermacher zu Beginn des 19. Jahrhunderts an die Form der akademischen Vorlesung gestellt hatte. Schleiermacher sah die Bedeutung der Vorlesung, des Kathedervortrags, nicht nur in einer didaktischen Aufbereitung großer Stoffmengen, sondern vorrangig in ihrer produktiven Anschaulichkeit: »Der Lehrer muß alles, was er sagt, vor den Zuhörern entstehen lassen, er muß nicht erzählen, was er weiß, sondern sein eigenes Erkennen, die Tat selbst, reproduzieren, damit sie beständig nicht nur Kenntnisse sammeln, sondern die Tätigkeit der Vernunft im Hervorbringen

der Erkenntnis unmittelbar anschauen und anschauend nach-
bilden.«[5]

Fraglos formulierte Schleiermacher ein Ideal. Aber er sprach
damit das Wesen und die prinzipiellen Möglichkeiten aus, die
in der Logik der Vorlesung liegen. Auch wenn diese im universitären Alltag oder in der Form des Lehrervortrags kaum genützt worden sein mögen: Undenkbar war es nicht, und die
Sternstunden akademischen Lehrens lebten ebenso von dieser Möglichkeit der – um mit Kleist zu sprechen – allmähli-
chen Verfertigung der Gedanken beim Reden, wie die Faszination bedeutender Lehrer immer auch davon abhing, dass ihnen
solches zumindest hin und wieder gelang. Für die Zuhörer-
schaft bedeutete dies, sich auf eine Sache konzentrieren und
eine Überlegung mit Zustimmung oder auch innerer Ableh-
nung mitvollziehen zu können. Denken erlebbar zu machen:
Das war sicher ein anspruchsvolles Programm. PowerPoint suggeriert, dass dieses Programm überflüssig geworden ist. Bilder,
Graphiken, Diagramme, Schautafeln tun so, als wäre jede Diskussion darüber hinfällig. Die Nähe von PowerPoint zu *edu-
tainment* ist denn auch offenkundig. Dabei geht es nicht darum, ob nach einer Vorlesung heftig debattiert wird, sondern
darum, dass nach einer Präsentationsshow niemand das Gefühl
hat, mit einem Gedanken konfrontiert worden zu sein, der eine
weitere Beschäftigung lohnte. Es ist gerade die vermeintliche
Perfektion, die das Verhängnis ausmacht. Bilder dulden prinzipiell keinen Widerspruch, Illustrationen tun so, als ob sie Argumente ersetzen könnten, gegen ein buntes, kurz aufleuch-
tendes Tortendiagramm ist kein Einspruch möglich. Die sanft
oder dynamisch einander ablösenden Folien bannen den Blick
und blockieren den Gedanken. Es zählt der Eindruck, das Als
ob, die Fiktion. Die zeigenden und verweisenden Redeformen
einer Präsentation sabotieren erläuternde, erklärende, diskur-

sive und argumentierende Weisen des Sprechens. Die flächendeckende Substitution des Vortrags und der Vorlesung durch die Präsentation lässt die Entwicklung eines Gedankens prinzipiell nicht mehr zu, denn alles ist durch die Folien schon gut vorbereitet. Dies macht PowerPoint zu einem signifikanten Akteur in der Praxis der Unbildung.

Dass Präsentationstechniken in der zeitgenössischen Didaktik hoch im Kurs stehen und zu den Kompetenzen gehören, die in keinem Lehr- oder Studienplan fehlen dürfen, lässt tief blicken. Aber worin besteht diese Kompetenz eigentlich? Offenbar darin, ein Thema, eine Frage, ein Problem, einen Sachverhalt »aufzubereiten«. Es geht von Anfang an nicht um die Sache, auch nicht um ihre Darstellung, sondern um ein Arrangement, das an ihre Stelle treten soll. Bevor noch etwas verstanden wurde, wird schon nach den visuellen und akustischen Effekten gesucht, die dieses Verstehen gleichermaßen ersetzen und simulieren sollen. Für den Erwerb dieser zweifelhaften Kompetenz wird dann viel von jener Zeit und Energie aufgewandt, die man vielleicht lieber dem Problem, das man sich zur Präsentation vorgenommen hat, widmen hätte sollen.

Es geht natürlich nicht nur um PowerPoint. Diese Präsentationssoftware ist Symptom und Modell für eine neue Form des Umgangs mit Wissen. Dieses wird, scharf gesprochen, nur mehr vorgetäuscht, simuliert. Es wäre allerdings zu kurz gegriffen, dies nur im Kontext der Entwicklung medialer Vermittlungstechniken zu sehen und eine sicher interessante und mögliche Linie von der Tafel über den Diavortrag und den Overhead-Projektor bis zu PowerPoint zu ziehen.[6] Technische Medien trugen immer das Versprechen in sich, mehr zu sein als ein Unterrichtsbehelf. Sie suggerieren, dass nun möglich sei, wovon man immer träumte, das man aber mit Tafel und Kreide nicht zustande brachte. Wahr daran ist, dass die Möglichkeiten, Dinge erscheinen und wieder verschwinden zu lassen, zugenommen haben. Schon die mittlerweile antiquierte Didaktik der Overhead-Folie pries es als ungeheuren Fortschritt, dass man vorbereitete Texte oder Bilder abdecken und erst im Laufe des Vortrags oder der Unterrichtsaktivität einem erstaunten Publikum langsam offenbaren konnte. So leicht, ist man versucht hinzuzufügen, ließen sich Menschen einmal verblüffen. So hatte sich der Philosoph Martin Heidegger das »Entbergen« der Wahrheit durch Technik wohl nicht gedacht, und der Gerechtigkeit halber muss man anmerken, dass zumindest in diesem Fall die Technik selbst die Strafe für ihre unangemessene Verwendung bereithielt: Der Lehrer oder Referent, der peinlich darauf bedacht war, nur nicht zu früh zu viel von seiner Folie zu zeigen und verzweifelt mit dem Abdeckblatt hantierte, das natürlich immer verrutschte, gehört mittlerweile ins Arsenal der komischen Schulmeister. PowerPoint überbietet auch diese Dimension mediengestützter Vermittlungstätigkeit. Allerdings: Je perfekter die Technik, desto geringer die Gefahr, sich durch ihren Einsatz zu blamieren. PowerPoint suggeriert eine Sicherheit, die sich in hohem Maße dem Equipment, nicht dem Einfall oder dem Gedanken dahinter verdankt.

Das führt generell zu Missverhältnissen. In Hinblick auf das Gesagte und Gedachte, auf den Inhalt und die Substanz einer Präsentation ist der technische Aufwand heute generell zu hoch – nicht weil die Beherrschung dieses Programms so schwierig wäre, sondern weil es dazu verführt, jedes Thema durch die Form seiner Darstellung aufzublähen. Ein Gutteil der aufwändigen Präsentationen lässt sich meist in wenigen Sätzen zusammenfassen – und dies nicht, weil sie schlecht wären, sondern weil es in der Logik der Präsentation liegt, Weniges durch Vieles zu illustrieren. Gerade weil sich komplexere Argumentations- und Diskursformen wohl durch Beispiele veranschaulichen, nicht aber durch Fotos und Strukturbilder illustrieren lassen, muss PowerPoint auf Komplexität verzichten. Der verhängnisvolle Irrtum besteht darin zu glauben, dass man durch die Anwendung von Präsentationssoftware das Grundproblem aller Didaktik, das Schwierige einfach darzustellen, elegant gelöst hätte; in Wirklichkeit hat man das Einfache nur bunt gemacht.

PowerPoint ist nicht auf seinen unmittelbaren Einsatz zu beschränken. Das Programm selbst ist Ausdruck eines kulturellen Prinzips und Selbstverständnisses. Denn so, wie wir nur mehr lernen, die Dinge zu präsentieren, lernen wir auch nur mehr, uns selbst darzustellen. Hinter der vielbeschworenen Selbstkompetenz steht oft nicht mehr als die – durchaus gut geschulte – Fähigkeit, sein Selbst – von dem keiner weiß, was es ist – und das dazugehörige Selbstbewusstsein zu »präsentieren«. Was an jungen Menschen heute vorab verblüfft, sind nicht nur ihre beeindruckenden Lebensläufe und die Auflistungen von Qualifikationen und Praktika aller Art, sondern auch ihre – wir sind fast versucht zu sagen – Unverfrorenheit, mit der sie imstande sind, Defizite aller Art durch die Möglichkeiten der Selbstrepräsentation zu kompensieren. Zu verachten sind solche Strategien und Künste keineswegs, zeugen sie doch von einem wachen Bewusstsein davon, worauf es heute wirklich ankommt.

Die große Geste der Präsentation und Repräsentation kennzeichnet den Bildungsbereich allerdings auf besonders unangenehme Weise. Weil fast jeder als Schüler, Student, Vater, Mutter, Lehrer oder Pädagoge mit diesem Segment der Gesellschaft zu tun hat, lassen sich die Widersprüche zwischen den Phrasen, mit denen sich Bildungsinstitutionen aller Art gerne beschreiben und präsentieren, und der Wirklichkeit, die dem nicht oder nur selten entspricht, nicht übersehen. Dass ein Kind nach einigen Jahren Grundschule nicht 4000 Kompetenzen beherrscht, sondern vielleicht nicht einmal halbwegs flüssig lesen und schreiben kann, lässt sich nicht so einfach vertuschen – da hilft auch keine PowerPoint-Präsentation über neue Lernmethoden beim Elternabend. Das allerdings scheint eher den Bedarf nach noch schöneren Folien, nicht nach einer Einsicht in die Wirklichkeit zu erhöhen. *In der zu einer gesellschaftlichen Norm stilisierten PowerPoint-Präsentation zeigt sich die Praxis der Unbildung in ihrer gleichermaßen aufgeblasenen wie tollpatschigen Gestalt.*

Dabei wäre alles ganz einfach: Niemand wird technische Hilfsmittel dort ausschlagen, wo sie sinnvoll eingesetzt werden können. Dass jede Technik ihren Preis hat, ist dabei allerdings in Rechnung zu stellen und zu reflektieren. Überall dort, wo es der Sache nach tatsächlich um Bilder, einen Textausschnitt, eine Graphik oder ein Diagramm geht, können, sollen und müssen diese auch gezeigt werden. Überall dort, wo etwas gezeigt wird, weil man nichts zu sagen hat, soll man sich fragen, warum man nichts zu sagen hat. PowerPoint und andere technisch unterstützte Präsentationsformen ersetzen nicht die freie Rede, den durchkomponierten Vortrag, das gut vorbereitete Referat, sondern ergänzen diese. Auch hier gilt, dass eine angemessene Einschätzung und nüchterne Beurteilung vor falschen Ängsten ebenso warnen kann wie vor überzogenen Euphorien. Wichtig wäre es zu wissen, wann welche Form der Darstellung oder Entfaltung eines Themas diesem, nicht der Technik und nicht vermeintlichen Erwartungen des Publikums angemessen ist. Es kann doch nicht so schwer sein, jungen Menschen, Lehrern, Professoren, Trainern und Managern klar zu machen, dass etwas präsentieren etwas anderes ist, als eine These zu entwickeln, und dass sich präsentieren auch etwas anderes ist, als sich dann, wenn es notwendig ist, bemerkbar zu machen.

6. WAS WEISS DAS NETZ?

An den Grenzen der Suchmaschinen

Es ist gespenstisch: Mit Spannung erwarteten nicht nur Lehrer und Schüler, sondern auch eine interessierte Öffentlichkeit die erste Durchführung einer Zentralmatura in Österreich. Abgesehen von zahlreichen technischen Pannen verblüfften nach Bekanntgabe der Fragestellungen vor allem die Aufgaben aus dem Fach »Deutsch«: Offenbar um das Umweltbewusstsein der Maturanten kompetenzorientiert abzufragen, mussten sich diese zu dem Thema »Umgang mit Natur und Leben« nicht nur mit einem Zeitungsbericht über Staudämme in China, sondern auch mit einem literarischen Text beschäftigen: *Die Schnecke* von Manfred Hausmann. Ein Gärtner sieht sehr wohl die wunderbare Schönheit einer Schnecke, entschließt sich aber doch, diese als Schädling zu vernichten. Das Entsetzen war groß, als sich im Nachhinein herausstellte, dass Manfred Hausmann ein Mitläufer des »Dritten Reichs« gewesen war und man diese Parabel aus dem Jahre 1947 auch als nachträgliche Verteidigung der Vernichtung von Volksschädlingen hätte deuten können. Den Verantwortlichen für diese Aufgabenstellung einer »standardisierten schriftlichen kompetenzorientierten Reifeprüfung« war all dies glatt entgangen, sie hatten es nicht einmal der Mühe wert befunden, den Autor in Wikipedia nachzuschlagen und die Prüfungskandidaten mit entsprechenden Informationen zu versorgen. Es war ihnen schließlich einzig und allein um die Testung der Kompetenz gegangen, einen Text ohne jedes literaturhistorische oder sonstige Wissen lesen und die Erschließungsfragen ökologisch korrekt beantworten zu können. Der beliebte Satz, dass man nichts mehr wissen muss, weil man alles googeln kann, rächte sich hier bitter: Die Direktoren des zuständigen Bildungsforschungsinstituts, des Googelns offensichtlich nicht mächtig, mussten nach diesem Eklat ihren Hut nehmen.

Allerdings galt die Kritik der Auswahl dieses einen Textes, sie galt nicht dem Prinzip dieser Art von kompetenzorientierter Prüfung an sich. Dass literarische Texte offenbar nur mehr als Anlassfall für modische Themenstellungen benutzt werden, dass es als fortschrittlich gilt, dazu drittklassige Autoren und sprachlich wenig anspruchsvolle Reportagen zu verwenden, dass niemand einen Gedanken daran verschwendet, was es bedeutet, wenn für eine Reifeprüfung aus dem Fach Deutsch die grundlegenden Kenntnisse der deutschsprachigen Literatur als entbehrlich, ja hinderlich gelten, zeugt von einem Willen zur Unbildung, der nur abenteuerlich genannt werden kann. Diese Prüfungsfrage offenbarte den »Bankrott schulischer Fachkultur«.[1] Wissen wird zur Leerstelle, nur gefüllt durch den Glauben, dass diese jederzeit durch den Zugriff auf die digitalen Archive gestopft werden kann. In der Situation, und das zeigte diese Reifeprüfung, kann, darf oder will das aber niemand. Der Glaube an das Internet versetzt keine Berge.

Die ständige Betonung, wie unsinnig es sei, die Köpfe junger Menschen mit »totem Wissen« zu füllen, täuscht darüber hinweg, dass in den Köpfen kein Wissen mehr ist. Zu den absonderlichsten Ergebnissen der herrschenden Praxis der Unbildung gehört zweifellos die Paradoxie, dass, während die Zugriffsmöglichkeiten auf Informationen, Texte, Datenbanken und Wissensarchive tatsächlich in einem ungeheuren Maße zugenommen haben und die alte, seinerzeit sicher berechtigte Klage, dass viele Menschen durch unterschiedliche ökonomische und technische Barrieren an ihrem Zugang zum Wissen gehindert seien, sicher nicht mehr gilt, dass aber in der sozialen Wirklichkeit von dieser universellen Verfügbarkeit des Wissens wenig zu spüren ist. Die Kenntnisse der allgemeinsten Grundlagen in den Naturwissenschaften scheinen ebenso abzunehmen wie das Wissen um historische Entwicklungen, kulturelle Zusammenhänge oder ästhetische Referenzen. In der digitalen Welt blühen denn auch Verschwörungstheorien, esoterische Weltanschauungen, Pseudowissenschaften und irrationale Heilsversprechungen aller Art, als lebten wir Jahrhunderte vor der Aufklärung.

Wohl können bei Diskussionen im Seminar oder im Kaffeehaus einzelne einfache Fragen heute schneller denn je beantwortet werden – wer 1970 Fußballweltmeister war, wie viele Einwohner Kiew hat oder wer die aktuelle Affäre von George Clooney ist –, aber dort, wo es um die Einbettung leicht abfragbarer Informationen in einen komplexeren Verstehenskontext geht, stößt man schnell an Grenzen – nicht nur des Wissens, sondern auch des Willens zum Wissen. Bei der Lektüre von – sagen wir einmal – Thomas Hobbes' *Leviathan* in einer philosophischen Lehrveranstaltung kann es schon geschehen, dass die Studenten Anspielungen und Beispiele aus einem biblischen Kontext nicht mehr erkennen und verstehen. Auch dort, wo es für die Interpretation des Textes wichtig gewesen wäre, sich kundig zu machen, was es mit der alttestamentarischen Geschichte von König David und seinem Feldherrn Uria auf sich hat, haben alle Teilnehmer dieses Seminars, ohne Ausnahme, darauf verzichtet, irgendwo nachzuschlagen. Das hat nicht nur mit Faulheit zu tun, das hat auch damit zu tun, dass es jemandem, der mit den Geschichten des Alten oder Neuen Testaments noch nie konfrontiert worden ist, der überhaupt nicht einschätzen kann, welchen Stellenwert diese Geschichten als Referenz- und Orientierungsrahmen im Denken vergangener Epochen gehabt haben mögen, nicht nur keine Lust bereitet, den einen oder anderen Namen nachzuschlagen, sondern dass er auch dann, wenn er es täte, wenig Gewinn davon hätte. Manchmal hilft Google auch dann nicht, wenn es hilft.

Dem Mythos von den jungen *digital natives*, die sich wie selbstverständlich im Netz bewegen und dieses situationsangemessen zu nutzen wissen, ist mit Vorsicht zu begegnen. Zwar verlassen sich viele Lehr- und Arbeitsbücher, die als weiterführende Aufgaben das Recherchieren im Netz oder in Wikipedia vorschlagen, ganz auf diese vermeintliche Kompetenz, die ohne entsprechende Schulung und ohne sachliches Verständnis allerdings eher einem hilflosen Zappeln denn einem souveränen Surfen gleicht. Dass es so etwas wie *digital natives* gebe, die gleichsam von Natur aus eine Technik beherrschen, die sich Ältere – die *digital immigrants* – nur mühsam und unvollständig aneignen können, war denn auch eine These, die so nur von einem Kinderfreund formuliert werden konnte. Es war der Pädagoge und Berater Marc Prensky, der dieses Begriffspaar im Jahr 2001 benutzte, um den Glauben an die gleichsam natürlichen Fähigkeiten junger Menschen unter modernen Bedingungen neu zu formulieren: digitaler Rousseauismus. Allerdings waren die mit diesen Begriffen assoziierten Konzepte von Anfang an schief. Denn die Kinder wachsen nicht in einer quasi natürlichen Umgebung auf, deren Formen und Regeln sie wie von selbst beherrschen, sondern werden – wie in der Konfrontation mit anderen Kulturtechniken auch – mit diesen Technologien versorgt und vertraut gemacht. Und die Erwachsenen können nicht in eine Welt einwandern, die von ihnen selbst geschaffen wurde. Das wird gerne vergessen: Die technischen Grundlagen der Digitalisierung und ihre ökonomische

Durchsetzung sind nicht das Werk von Kindern. Dass daran auch junge Leute beteiligt waren und sind, ist selbstverständlich, junge Leute sind an fast allem beteiligt. Aber das Durchschnittsalter der Mitglieder des Verwaltungsrats von Apple beträgt etwa sechzig Jahre.

Untersucht man das Verhalten junger Menschen in der digitalen Welt genauer, macht sich schnell Ernüchterung breit. Weder beherrschen sie die damit verbundenen Technologien besser als Erwachsene, noch nutzen sie diese Technologien besonders exzessiv. Kommunizieren und Musikhören sind nach wie vor die häufigsten Netzaktivitäten,[2] anspruchsvollere und innovative Praktiken – Bloggen, Recherchieren, Filme produzieren, Vorlesungen hören und kostenfreie Klassiker lesen – bleiben ein Minderheitenprogramm. Nicht einmal das, was man im Bildungskontext mittlerweile als Selbstverständlichkeit unterstellt, beherrschen sie in einem zufriedenstellenden Maße: googeln. Ein Lehrer, der mit seinen Schülern das Googeln im Unterricht thematisierte, stieß zuerst auf höhnische Arroganz, allerdings scheiterten die meisten Schüler schon bei einfachen Rechercheaufträgen: »Die kloppen bei Google ein Suchwort nach dem anderen einzeln rein, und dann geht es zappzappzapp: weg damit, taugt nichts, nächster Versuch. Sie sind blitzschnell im Verwerfen, manchmal auch guter Funde. Sie meinen sortieren zu können, nudeln aber einfach nur alles durch – sehr schnell, sehr hektisch, sehr oberflächlich. Und beim ersten Treffer, der ihnen halbwegs passabel erscheint, hören sie sofort auf.«[3] Auch eine großangelegte Studie der British Library, die die Medienkompetenz von Schülern und Studenten untersuchte, kam zu einem ernüchternden Ergebnis: »Die ›Netzgeneration‹ weiß kaum, wonach sie suchen soll, überfliegt die Funde nur flüchtig und tut sich schwer, deren Relevanz einzuschätzen.«[4]

Die Selbstwahrnehmung mag da anders aussehen. Dass manch einer dieser vermeintlichen Netzbewohner gerne den Mythos vom *digital native* aufnimmt und auf sich anwendet, wundert einen nicht. Alles andere wäre im Zeitalter der großspurigen Selbstdarsteller auch ziemlich überraschend. Allerdings darf man hinter dieser Keckheit keine neue Welt und eine Bildungsrevolution vermuten. Der vor allem in Unternehmerkreisen beliebte Philipp Riederle, der unter dem Titel *Wer wir sind und was wir wollen* als *digital native* den Erwachsenen gerne seine Generation erklärt, strickt dann auch eifrig an den Mythen über diese Generation, die in der Regel von jenen entworfen worden sind, die dieser Generation längst nicht mehr angehören, weiter.

Es ist dennoch erstaunlich, mit welcher Naivität der *digital native* etwa an Bildungsfragen herangeht. Gut, der junge Mann hat das Abitur problemlos geschafft, aber nichts von dem, was ihn interessierte, bekam er angeblich in der Schule vermittelt. Stolz bekennt er, kein Werk der diversen Leselisten auch nur durchgeblättert zu haben, denn es hätte ja in der Schule um etwas ganz anderes gehen sollen: »Warum sind wir eigentlich hier? Was und wie lässt sich etwas in der Welt voranbringen? Fragen, die zum Denken anregen und nicht starres Wissen anzapfen.«[5] Abgesehen davon, dass die mangelhafte Syntax und die schiefen Metaphern den Gedanken nahelegen, dass mehr Aufmerksamkeit im Deutschunterricht nicht geschadet hätte, möchte man sich eine Schule, in der acht oder neun Jahre die Frage abgehandelt wird, warum wir eigentlich hier sind, nicht wirklich vorstellen. Aber es klingt gut, und mit diesem Stoßseufzer – woher der junge Mann weiß, dass alle Jugendlichen sich ausgerechnet für diese Frage interessieren, wissen wiederum wir nicht – lässt sich prinzipiell jeder fachliche Unterricht sabotieren.

Klar, auch der *digital native* ist nicht gegen Wissen, aber: »Mich langweilt nichts mehr, als Wissen rein um des Wissens willen vermittelt zu bekommen, ohne zu wissen, wozu ich es brauche.« Nützlich muss es sein, das Wissen, und es entspringt dann auch der »subjektiven Wahrnehmung«, was relevant und wünschenswert ist.[6] Dass hier der gängige Pragmatismus der modernen Didaktik und die ideologischen Vorgaben der OECD unreflektiert wiederholt und zu einer juvenilen Entdeckung und hämischen Abrechnung mit einem vermeintlich verknöcherten Schulsystem stilisiert werden, ist nicht zuletzt deshalb erstaunlich, weil ansonsten der *digital native* nicht müde wird, die Kreativität und Innovationsfreude, also die Lust auf das Neue zu beschwören, die sich doch wohl kaum einstellen wird, wenn alles schon am Kriterium der Brauchbarkeit und der Lösungskapazität für gerade anstehende Probleme gemessen wird. Solch eine Ungereimtheit entlarvt die Unbedarftheit der Phrasen, mit denen diese Botschaften verkündet werden. Die Weisheit des britischen Bildungsgurus Ken Robinson – gleichsam die angelsächsische Variante des deutschen Bildungsexperten –, dass »unser Bildungssystem unsere Köpfe genauso ausgebeutet (hat), wie wir die Erde ausbeuten: um eines bestimmten Rohstoffs willen«,[7] wird – trotz des schiefen Bildes – kräftig akklamiert, verschafft sie doch das gute Bewusstsein, als Kind des digitalen Zeitalters zu den ökologischen Opfern eines ressourcenvernichtenden, antiquierten Bildungssystems zu gehören. So privilegiert kann heute keiner mehr sein, dass er sich nicht irgendwie doch als Diskriminierter wiederfindet!

Dass auch der *digital native* auf den einen oder anderen Kalauer der Schulkritik nicht verzichten will, sei ihm zugestanden. Dass es nicht darum gehen kann, das »jeder *Die Glocke* auswendig kann«[8] – wer hätte das gedacht! Ärgerlich aber, dass ernsthaft so getan wird, als bestünde der traditionelle Unterricht im stupiden Auswendiglernen gigantischer Textmengen – eine Kritik, die auf solche Karikaturen zurückgreifen muss, macht sich einigermaßen verdächtig. Immerhin: Der Befund, der sich daran anschließt, hat es in sich und muss deshalb in modischem Englisch formuliert werden: »School's out!«[9] Im Kern geht es dem *digital native* deshalb vor allem darum, klarzumachen, dass im digitalen Zeitalter konventionelle Formen des Wissens ebenso obsolet seien wie die dazugehörigen Archive und Formen der Weitergabe: »Seit der massenhaften Nutzung von Google, Wikipedia und anderer Wissensplattformen hat sich das globale Wissen inflationär entwickelt: Jeder kann etwas beisteuern, jeder findet alles, und trotz einiger Abstriche kann man sich auf die Daten und Fakten verlassen.«[10] Die Blauäugigkeit des jungen Mannes ist atemberaubend, aber sie spiegelt nicht nur das Bewusstsein der imaginierten *digital natives* wider, sondern auch die Wünsche einer Pädagogik, die glaubt, sich durch die neuen Medien endlich von der Last der Wissensvermittlung freispielen zu können. Wie das Wissen zustande kommt, nach welchen Algorithmen es zur Verfügung gestellt wird, wer überhaupt auf welche Datenbanken Zugriff hat, wie Daten vernetzt und kontextualisiert werden müssen, um einen Sinn zu ergeben, wird lieber nicht zur Sprache gebracht; Hauptsache, es gibt keine Disziplinen und keine Disziplin mehr, Hauptsache, jeder kann sich der Illusion hingeben, jederzeit alles zu wissen. Das mag gut für jene Omnipotenz- und Omnipräsenzphantasien sein, die der Philosoph Günther Anders schon im frühen zwanzigsten Jahrhundert als ein Kennzeichen des »nihilistischen Menschen« beschrieben hatte, der die Kontingenz und Endlichkeit seines Daseins nur aushält, indem er vergeblich danach trachtet, die Zeit und den Raum zu beherrschen und überall und jederzeit präsent zu sein, als Bildungskonzept taugt diese verblendete Hybris allerdings nicht sonderlich.[11] Denn nur aus dem Nichts erfragt, ohne Fundament und damit ohne Chance auf eine angemessene Kontextualisierung, bleibt das Wissen des Netzes und seiner Archive das eigentlich »tote Wissen« unserer Tage.

Die Praxis der Unbildung sieht dies allerdings anders. Ihr gilt nur jenes Wissen als »lebendig«, das anlassbezogen und nutzenorientiert Verwendung findet, »tot« erscheint alles, was keinen Bezug zur Lebenswelt der Schüler und Studenten aufzuweisen scheint. Und da das meiste, was in den Archiven des Wissens gespeichert ist, solch einen Bezug in der Regel nicht kennt, handelt es sich bei Wissen schlechthin um »totes Wissen«. Das wusste allerdings schon jede Theorie des Archivs. Erst der Zugriff auf diese Bestände – aus welchen Motiven und Bedürfnissen auch immer – bringt die riesigen Datenmengen, die auch jede klassische Bibliothek und jedes Hof- und Staatsarchiv auszeichneten, zum Leben. Das aber meint die aktuelle Rede vom »toten Wissen« gerade nicht. Ihr geht es sehr wohl darum, bestimmte Formen des Wissens und klassische Wissensbestände als prinzipiell unnötig und unbrauchbar zu klassifizieren. Die Ranküne gegen das sogenannte »Fach- und Faktenwissen«, die sich auch in vielen kompetenzorientierten Studien- und Prüfungsordnungen zeigt, unterstreicht diesen Befund. Nun könnte man hämisch fragen, was, außer Fakten, soll man denn eigentlich sonst noch wissen? Aber es stimmt schon: Ein Wissensbegriff, der sich auf das beschränkt, was als Faktum definiert und archiviert ist, greift zu kurz. Aber das ist nichts Neues. Lexikalisches Wissen war immer schon suspekt, auch die Träger dieses Wissens, die wandelnden Lexika, beeindruckten zwar durch ein phänomenales Gedächtnis, entscheidend aber war immer schon, wie tief dieses Wissen geht, wie es die Persönlichkeit formt, wie man es kontextualisiert. Gerade dort, wo es um die vielzitierten Zusammenhänge und Transferleistungen, um den Prozess des Verstehens geht, wird man jedoch ohne Fakten nicht auskommen. Die Annahme, dass diese jederzeit zur Verfügung stehen, ist genauso irrig wie die Vorstellung, man könne sich ohne grundlegendes fachliches Wissen in einem Problemfeld orientieren.

Seit Platon existiert im abendländischen Mediendiskurs eine Skepsis gegenüber allen Technologien, die es uns erlauben, unser Gedächtnis zu entlasten. Das trifft die Schrift, den Buchdruck, das Internet. An dieser Skepsis, so fortschrittsfeindlich und weltfremd sie erscheinen mag, ist zumindest so viel richtig, dass das, was wir als Individualität und Personalität eines Menschen wahrnehmen, nicht nur, aber auch aus seinem Gedächtnis besteht, aus dem, was er erfahren, erlebt und gelernt hat, aus dem, was an und in ihm Spuren hinterlassen hat. Vollständigkeit ist hier übrigens ebenso wenig gefragt wie ein Gedächtnis, das nichts mehr vergisst. Das wäre unmenschlich. Eher geht es darum, dass jemand, der durch einen Prozess der Wissensaneignung gegangen ist, danach ein anderer ist, auch dann, wenn er das meiste, das er dabei definitiv erfahren und gelernt hat, wieder vergisst. Die These, dass man nichts lernen muss, weil man ohnehin nahezu alles wieder vergisst, ignoriert, dass Leben selbst ein Wechselspiel von Erinnern und Vergessen ist.

Dass eine ältere Didaktik von »geistiger Nahrung« für jugendliche Seelen sprechen konnte, hatte auch diesen Sinn: Vieles von dem, was wir aufnehmen, scheiden wir – verwandelt – wieder aus. Aber ohne diese Nahrung könnten wir nicht leben. Der Satz, dass Leben Lernen sei, muss auch unter dieser Perspektive verstanden werden. Er bedeutet nicht, dass wir auf Vorrat Wissen anhäufen und Qualifikationen erwerben sollen, die wir vielleicht irgendwann einmal benötigen werden oder gar gewinnbringend einsetzen können, sondern dass die Lebenstätigkeit selbst unmittelbar als ein Prozess des Umgangs mit Wissen betrachtet werden kann. Und zu diesem Umgang gehören die Akte der Aneignung, Bewertung, Auseinandersetzung und des Verstehens ebenso dazu wie die des Auswählens, Verformens und Vergessens. Aber all das wird Spuren hinterlassen und den Menschen in seinem Denken, Fühlen und Handeln prägen und verändern. Den Menschen als eine informationsverarbeitende Maschine zu betrachten, die immer nur dann, wenn es gerade nottut, auf alle möglichen Datenspeicher zurückgreifen kann, um ihre Probleme zu lösen, stellt nicht nur eine Verarmung dar, sondern verkennt auch grundsätzlich die Möglichkeiten, die in der Bildsamkeit des Menschen liegen.

Tatsächlich bieten die neuen Technologien und vor allem das jederzeit und an jedem Ort verfügbare Internet Möglichkeiten im Umgang mit Wissen, die es zumindest in dieser Form und Intensität bisher noch nicht gegeben hat. Auch wenn der euphorische Ausruf, dass die Schule nun am Ende sei, etwas verfrüht erscheint, bleibt es unübersehbar, dass die prinzipielle Möglichkeit, ohne großen Aufwand und ohne spezielle Anleitung auf Dokumente, Texte, lexikalische Einträge, Wörterbücher, Bilder, Musik- und Theaterstücke sowie Filme zugreifen zu können, unser Verhältnis zu wissensvermittelnden Institutionen verändern wird. Man könnte sogar sagen, dass erst jetzt der neuhumanistische Traum, dass nach einer Grundschulung jeder Mensch eigenständig und souverän nach Wissen streben und Bildung tatsächlich als Selbstbildung realisieren kann, an der Schwelle seiner Verwirklichung steht. Lernsoftware lässt den Computer als passablen, mitunter besseren Lehrer erscheinen, der geduldig und ohne Emotionen Wissen zur Verfügung stellt, wiederholt, überprüft, korrigiert, lobt, weiterhilft; aber auch dort, wo Menschen als Lehrer unverzichtbar erscheinen, erlauben es die modernen Technologien, sich diese losgelöst von jeder Präsenz in einem konkreten Raum vorstellen zu können. Die vieldiskutieren MOOCs (*Massive Open Online Courses*) erlauben einer theoretisch unbegrenzten Zahl von Teilnehmern, an über das Internet angebotenen Vorlesungen oder Seminaren zu partizipieren. Jeder kann im Grunde von überall aus studieren, was und wann er will; sind diese MOOCs auch mit elektronisch auszuwertenden Prüfungen verbunden, lassen sich darüber ganze virtuelle Studienprogramme und die entsprechenden Studienverläufe organisieren.

Erstaunlich ist allerdings, dass viele Schulreformer gerne diese Möglichkeiten des Internet beschwören, aber nicht wirklich ernst nehmen. Anders ist es nicht erklärbar, dass immer mehr Ganztagsschulen gefordert werden. Böte das Netz all jene Möglichkeiten des individuellen und dislozierten Lernens, die man ihm zuschreibt, wäre die Verkürzung von Anwesenheitszeiten zumindest in den Sekundarstufen eine logische Konsequenz. Dass dies nicht der Fall ist, verweist einmal darauf, dass auch diejenigen, die bewundernd auf die *digital natives* blicken, diesen offenbar wenig zutrauen; und zum anderen verdeutlicht dies, dass Schule immer weniger als Ort des Lernens und des Wissens, als Raum der Bildung, sondern als sozialpädagogische Anstalt zur Aufbewahrung von Kindern und Jugendlichen aufgefasst wird, weil man nicht weiß, was man sonst mit ihnen machen sollte.

Viele Menschen streben nach Wissen, ja nach Bildung in einem geradezu klassischen Sinn, möchten aber auf die traditionellen Formen zertifizierter Nachweise und Graduierungen verzichten. Nicht zuletzt haben die rigiden Vorschriften und Modularisierungen der Studien, die im Zuge der Bologna-Reform etabliert wurden, auf unabhängige und freiere Geister eine abstoßende Wirkung. Seit einiger Zeit macht deshalb der *education hacker* von sich reden, der sich aus dem Netz individuell alles zusammensucht, was er für seinen Bildungsgang für interessant und wichtig erachtet. Das Pathos des Neuen, ja Revolutionären, das solchen Konzepten selbstbestimmten Lernens anhaftet, ist allerdings nicht unbedingt angebracht. Formen individueller und eigenständiger Aneignung von Wissen, Fähigkeiten und Kenntnissen begleiteten und konterkarierten wie ein Schatten seit jeher die Angebote institutionalisierter Bildungseinrichtungen. Dass, wer es sich leisten konnte und kann, seine Kinder nicht einer Schule, sondern Hauslehrern anvertraut – sofern er sie nicht gleich selbst unterrichtet –, kehrt nicht nur in zahlreichen privaten Lerninitiativen wieder, sondern auch im trendigen *homeschooling*, das, vor allem im Grundschulbereich, ganz auf die pädagogischen und fachlichen Fähigkeiten von Eltern und Verwandten setzen möchte; und dass höhere Bildung in staatlichen oder staatlich anerkannten privaten Bildungseinrichtungen nicht immer am besten aufgehoben ist, gehört ebenfalls zu den Grundüberzeugungen einer seit langem tradierten Bildungskritik.

In seinen autobiographischen Erinnerungen *Die Welt von gestern* beschrieb Stefan Zweig eindrucksvoll, wie er in den ersten Jahren des zwanzigsten Jahrhunderts an einer Universität zu studieren beginnt, nur um diese Einrichtung drei Jahre lang nicht betreten zu müssen: »Für mich ist Emersons Axiom, daß gute Bücher die beste Universität ersetzen, unentwegt gültig geblieben, und ich bin noch heute überzeugt, daß man ein ausgezeichneter Philosoph, Historiker, Philologe, Jurist und was immer werden kann, ohne je eine Universität oder sogar ein Gymnasium besucht zu haben. Zahllose Male habe ich im praktischen Leben bestätigt gefunden, daß Antiquare oft besser Bescheid wissen über Bücher als die zuständigen Professoren, Kunsthändler mehr verstehen als die Kunstgelehrten, daß ein Großteil der wesentlichen Anregungen und Entdeckungen auf allen Gebieten von Außenseitern stammt. So praktisch, handlich und heilsam der akademische Betrieb für die Durchschnittsbegabung sein mag, so entbehrlich scheint er mir für individuell produktive Naturen, bei denen er sich sogar im Sinn einer Hemmung auszuwirken vermag.«[12]

Und auch dort, wo solch eine grundsätzliche Absage an eine institutionalisierte höhere Bildung nicht direkt ausgesprochen wurde, herrschte an der klassischen Universität zumindest ein starkes Bewusstsein davon, dass es neben den curricular organisierten Lehrveranstaltungen noch andere und selbstbestimmte Möglichkeiten gibt, sich jenes Wissen und jene Fähigkeiten zu erwerben, die auch durch einen universitären Bildungsgang anvisiert werden. Er nehme, schrieb der Philosoph Theodor W. Adorno einmal, »den Gedanken der akademischen Freiheit überaus ernst und halte es für völlig gleichgültig, auf welche Weise ein Student sich bildet, ob als Teilnehmer von Seminaren und Vorlesungen oder bloß durch die eigene Lektüre«.[13]

Liest man heute die programmatischen Erklärungen der *education hacker*, so unterscheiden sie sich auf den ersten Blick höchstens durch den schnoddrigen Ton und modische Anglizismen von der Skepsis eines Stefan Zweig oder der Offenheit eines Theodor W. Adorno. Allerdings macht schon ein kurzer Blick in die Konzepte und Angebote dieser Bildungsrebellen zumindest vorsichtig. So begründet der amerikanische Publizist Dale J. Stephens, der durch sein Buch *Hacking Your Education* als einer der Inauguratoren dieses Trends gelten kann,[14] seine Abkehr von der akademischen Welt mit dem Hinweis, dass man an Universitäten nicht das lernt, was man im Leben wirklich braucht, um erfolgreich zu sein. Universitäten produzieren am Markt vorbei, weder vermitteln sie die Kompetenzen, die es jungen Menschen erlauben, sich optimal zu qualifizieren, noch reagieren sie auf die individuellen Bedürfnisse ihrer Studenten. Der auch von seriösen Medien akklamierte deutsche Blogger Ben Paul wirbt auf seiner Homepage folgerichtig mit dem Slogan »Design your own Education«, der Leitsatz dieser Selbstbildungsinitiative ist denkbar einfach: »Finde dein Ding, mach dein Ding«; und das Versprechen für den Fall, dass man sich Bens wachsender *community* anschließt, ist so klar wie affirmativ: »So wirst du der Beste in deinem Fach.« Das widerspricht zwar der einen Klick weiter proklamierten Einsicht, dass Wettbewerb unnötig sei, weil im Prinzip jeder alles kann und für alle genug da ist, aber so ganz scheint der *education hacker* dieser Utopie doch nicht zu trauen, denn zu seinen lobenswerten Maximen gehört auch die, jede Woche ein Buch zu lesen (hundert Seiten am Tag!), aber natürlich nur Bücher, die ihn »weiterbringen« und auf die er »Bock« hat, und ganz oben in der Rangliste dieser Bücher steht ein Ratgeber: Michael Ellsbergs Karrierefibel *The Education of Millionaires: Everything You Won't Learn in College About How to Be Successful.*[15] Sollte sich die Botschaft dieser Bildungsrevolutionäre darauf beschränken, gute Ratschläge zu geben, wie man es auch ohne akademischen Abschluss zu der einen oder anderen Million bringen kann, droht von diesen Netzaktivitäten wohl keine allzu große Gefahr für etablierte Bildungsinstitutionen.

Dass solche Thesen überhaupt Aufmerksamkeit erregen können, hat auch mit jener Ideologie zu tun, die etablierte Bildungsplaner und Bildungspolitiker gerne verkünden und die sich um die Behauptung rankt, dass allein zertifizierte akademische Abschlüsse beruflichen Erfolg garantieren können. Dass dies in dieser Form Unsinn ist, demonstrieren nicht nur höchst erfolgreiche Karrieren ohne, sondern auch zahlreiche gescheiterte Lebensläufe mit akademischem Abschluss. Dem allgemeinen Wahn nach Zertifizierungen, Graduierungen und Standardisierungen von Bildungsprozessen mag der *education hacker* so ein kritisches Korrektiv entgegensetzen, das im einen oder anderen Fall auch zu dem angestrebten Erfolg führen wird, ohne dass sich daraus jedoch ein kritisches Potential in Hinblick auf die Bildungsfrage insgesamt entfalten ließe. Ein Blick auf die diversen Webseiten, auf denen die *education hacker* ihre Dienste anbieten, zeigt rasch, dass es sich hier weniger um die Vorboten einer Bildungsrevolution handelt als vielmehr um ein Geschäftsmodell.

Allerdings lässt sich aus solchen Initiativen doch einiges lernen. Zum Beispiel, dass die Universitäten zunehmend unter der ihnen von Bologna verordneten Ideologie leiden. Dass ein Studium in erster Linie als Berufsausbildung zu konzipieren sei, dass es nicht um Wissenschaft und Bildung, sondern um Kompetenzen und Skills gehe, um Wettbewerbsvorteile zu lukrieren, dass Studieren nicht eine wichtige Phase in der Biographie eines jungen Menschen darstelle, in der in einer gewissen Freiheit fachliche, soziale und gesellschaftspolitische Einsichten in kritischer Absicht gewonnen werden könnten, sondern um ein rasch und effizient zu absolvierendes Training, bringt nun die Universitäten in Schwierigkeiten. Denn die lebens- und berufsorientierten Ausbildungen lassen sich an anderen Orten und in anderer Weise in vielen Fällen wahrscheinlich wirklich effizienter organisieren. Wenn eine Universität nicht mehr sein will als ein Trainingscamp, will sie eben keine Universität mehr sein. Der *education hacker* nimmt gleichsam die Versprechungen der marktorientierten Universitätsphraseologie beim Wort und kehrt diese gegen die akademische Bildungsidee selbst. Der *education hacker* entlarvt die Misere, die sich an den Höheren Schulen und Universitäten breitmacht, ohne dass er sich aus dieser selbst befreien könnte. Das Netz ist so wenig eine Universität wie das Leben eine Schule. *In der gläubigen Hin-*

gabe an das Netz zeigt sich die Praxis der Unbildung in ihrer religiösen Gestalt.

Dabei wäre alles ganz einfach: Natürlich kann nicht darüber hinweggesehen werden, dass die modernen Kommunikations- und Informationsmedien es in einem bisher kaum gekannten Ausmaß erlauben, sich unterschiedliches Wissen individuell und ohne großen Aufwand anzueignen. Im Prinzip gehört diese Offenheit des Wissens aber zu diesem selbst. Bibliotheken, Archive und Enzyklopädien hatten immer auch den Anspruch, Wissen wenn nicht für alle, so doch für viele zugänglich zu machen. Das Internet und seine Angebote ersparen mittlerweile in der Regel den Weg in die Bibliothek, Wikipedia ersetzt Meyers Konversationslexikon und den Großen Brockhaus, und manche Lernsoftware übernimmt die Rolle des alten Hauslehrers. Um diese Möglichkeiten allerdings nutzen zu können, müssen einige Voraussetzungen gegeben sein, die wohl nicht so oft zutreffen, wie es die Propagandisten einer digitalen Lernkultur gerne hätten.

Dazu gehört ein Grundwissen, das es erlaubt, in der Vielfalt der Angebote das Richtige auszuwählen; dazu gehört eine geschulte Urteilskraft, die es ermöglicht, Wichtiges von Fragwürdigem, Sinnvolles von Unsinn zu unterscheiden; und dazu gehört die gute alte Tugend der Selbstdisziplin, ohne die die individuell gestaltete Bildungskarriere zu einem unendlichen Schnupperkurs verkommt. Immerhin werden die digitale Welt des Wissens und die in ihr generierten Moden und Trends die etablierten Bildungsinstitutionen zwingen, sich auf das zu besinnen, was in der digitalen Welt nicht oder nicht so einfach zu haben ist. Es wird sich zeigen, dass diese Eigentümlichkeiten sehr viel mit den ursprünglichen Konzepten und Programmen von Bildung zu tun haben werden. Dazu wird vor allem die Möglichkeit gehören, mit Menschen unmittelbar in Kontakt treten zu können, die angesichts der kunterbunt auf uns einströmenden Informationen aller Art tatsächlich noch etwas zu sagen haben. Die digitale Welt des Wissens wird, so seltsam das in manchen Ohren klingen mag, zur Renaissance des Lehrers führen.

7. DIE ORALE PHASE ALS LEBENSPRINZIP

Zum Verhältnis von Konsum, Pädagogik
und Infantilisierung

Es ist gespenstisch: Die Universität Wien, bemüht, nur noch die besten und sozial kompetentesten Kandidaten für das Lehramtsstudium zu gewinnen, führt zu diesem Zweck ab dem Wintersemester 2014 ein Aufnahmeverfahren ein. Nach einem anonymen *Self-Assessment-Test,* bei dem die Interessenten erkunden können, ob sie wirklich ein Studium belegen wollen, bei dem sie es später einmal mit Kindern und Jugendlichen zu tun haben werden, werden in einem weiteren Test grundlegende kognitive und sprachlogische Basisfähigkeiten abgefragt, ebenso bildungswissenschaftliche Grundkenntnisse, die aus einem Skriptum bezogen werden müssen. Wer bei diesem Test mindestens dreißig von hundert Punkten erreicht, ist zum Studium zugelassen; wer weniger erreicht – was so leicht nicht sein dürfte –, wird zu einem persönlichen Motivationsgespräch eingeladen. Wer immer zu diesem Gespräch erscheint, gleichgültig wie dieses verläuft und was er dabei sagt, ist zum Studium zugelassen. Und nun das Beste daran: Damit die angehenden Lehramtsstudenten vor diesem Gespräch, das keinerlei negative Folgen haben kann, nicht verzweifeln, stellt ihnen die Universität Wien als Ausdruck ihrer »Willkommenskultur« eigens dafür rekrutierte und bezahlte *student guides* zur Verfügung, die sie abholen, zum Gespräch begleiten, bei Bedarf auch an diesem teilnehmen und sie danach noch eine Zeitlang weiter betreuen. Offenbar glaubt man allen Ernstes, die besten zukünftigen Lehrer unter jenen Studenten zu finden, die wie Kinder an der Hand genommen werden müssen, um den ersten Schritt an eine universitäre Einrichtung zu setzen.

Das ist kein Einzelfall. Die Verschulung der Studien im Zuge der Bologna-Reform hinterlässt auch in der Psyche der Studenten ihre Spuren: Aus jungen Erwachsenen werden späte Kinder. Mit Entsetzen musste jüngst ein Professor der Johann Wolfgang von Goethe-Universität Frankfurt feststellen, dass Erstsemestrige zunehmend nur mehr in Begleitung ihrer Eltern die Universität betreten, um dann folgendes Sittenbild zu skizzieren: »Kommt man in seine Erstsemester-Vorlesung, reibt man sich trotz dieses Wissens die Augen: Jungs in vollster Pubertät räkeln sich in den Reihen und werfen mit Papierkügelchen um sich, während ihre Altersgenossinnen meist starr auf ihr iPhone blicken. Verspätet eintreffende Studierende packen mit größter Selbstverständlichkeit dann erst einmal ihre McDonald's Tüte in der ersten Reihe aus. Neben der immer größer werdenden Zahl nicht studierfähiger Abiturienten – die genau in dem Maße zunehmen, wie die Bundesländer sich gegenseitig darin überbieten, ihre Abiturientenquoten in schwindelerregende Höhe zu katapultieren – jetzt also auch noch das.«[1]

Jetzt also auch noch das! Die Infantilisierung und selbstgewählte Teilentmündigung junger Erwachsener scheint in vollem Gange. Das ist nicht ausschließlich deren Schuld, sondern entspricht dem Charakter unserer Konsumgesellschaft und der zunehmenden Pädagogisierung des Alltags. In diesem wimmelt es nur so von besorgten Begleitpersonen aller Art: Berater, Coaches, Trainer, Mentoren, Guides, Councellors, Therapeuten. Erinnern wir uns: In seiner berühmten Schrift *Was ist Aufklärung* aus dem Jahre 1784 skizzierte der Philosoph Immanuel

Kant das ideale Bild eines mündigen Bürgers, der imstande sein sollte, sich seines Verstandes ohne Leitung anderer bedienen zu können. Natürlich: Dazu gehört Mut, und diesen Mut forderte Kant ein: »Sapere aude!« Und dann heißt es weiter: »Faulheit und Feigheit sind die Ursachen, warum ein so großer Teil der Menschen, nachdem sie die Natur von fremder Leitung frei gesprochen, dennoch gerne zeitlebens unmündig bleiben; und warum es Anderen so leicht wird, sich zu deren Vormündern aufzuwerfen. Es ist so bequem, unmündig zu sein. Habe ich ein Buch, das für mich Verstand hat, einen Seelsorger, der für mich Gewissen hat, einen Arzt, der für mich die Diät beurteilt, et cetera, so brauche ich mich ja nicht selbst zu bemühen. Ich habe nicht nötig zu denken, wenn ich nur bezahlen kann; andere werden das verdrießliche Geschäft schon für mich übernehmen.«[2] Kant ging davon aus, dass der Bürger, der diese Faulheit abwirft und den Ausgang aus der »selbstverschuldeten Unmündigkeit« schafft, sich kraft seines Wissens und seiner Bildung über die wesentlichen Dinge, die sein Leben betreffen, ein eigenes Urteil erlauben und letztlich souverän, aus guten Gründen, nach Abwägen aller Argumente diese Fragen selbst entscheiden kann. Eine anekdotische Bemerkung am Rande: Immanuel Kant hat durchaus versucht, nach diesem Ideal zu leben und sich zum Beispiel seine Ernährung, seine Diäten und auch die Therapien für seine Krankheiten selbst zusammengestellt – mit, sagen wir einmal, wechselndem Erfolg.

Man könnte diesen etwas prekären Anspruch auf Souveränität mit dem Hinweis verteidigen, dass zu Kants Zeiten die Medizin und Pharmazie noch nicht so weit entwickelt waren, dass es klug gewesen wäre, den Anordnungen der Ärzte und Apotheker immer zu folgen. Aber machen wir uns nichts vor: Die Vormünder, von denen Kant den mündigen Menschen befreit wissen wollte, heißen heute Berater. Sie denken für uns.

Und dies aus guten Gründen. Denn zumindest auf den ersten Blick scheint es klar, dass dieses Kantische Ideal der Mündigkeit der Realität nicht entsprechen kann. Die Komplexität der modernen Welt, die Vielzahl und Vielfalt an Angeboten aller Art, der wissenschaftliche Fortschritt, die Herausbildung zahlreicher Expertenkulturen, die Unübersichtlichkeit der Verhältnisse überfordern den Einzelnen, sei es im Privatleben, sei es im beruflichen Alltag. Niemand kann für alle Bereiche, die sein Leben betreffen, gleichermaßen sicheres Wissen erwerben, fundierte Urteile bilden und souveräne Entscheidungen fällen. Beratung ist deshalb angesagt. In der modernen Dienstleistungsgesellschaft gibt es kaum einen Lebens- oder Problembereich, für den nicht mehr oder weniger professionelle Beratung zur Verfügung stünde.

Wo immer sich eine Frage stellt, ein Problem auftut, eine Unsicherheit zu verzeichnen ist: Der Berater ist schon da. Wer nicht weiß, wie und ob er sich an einen anderen Menschen binden soll, landet beim Eheberater; wer Probleme mit seinem Nachwuchs hat, sucht den Familien- und Erziehungsberater auf; wer ob der Wahl seiner Tapeten oder Vorhänge verzweifelt, engagiert den Wohnberater, für Details ist auch der Farbberater zu kontaktieren; wer nicht weiß, was er anziehen soll, konsultiert seinen Typberater; gibt es Probleme mit der Potenz, wartet der Sexualberater; weiß der trotz allem groß gewordene Nachwuchs nicht, was er werden soll, hilft der Berufs- oder Studienberater sicher weiter; ist das Studium abgeschlossen, wartet der Karriereberater; wer eine Firma führt, kommt ohne Heerscharen von Unternehmens- und Personalberatern nicht weiter; wer nicht weiß, was er essen soll, liegt bei einem Ernährungsberater richtig, wer mit dem Rauchen aufhören und dem Sport beginnen will, muss vorher einen entsprechenden Gesundheits- und Fitnessberater konsultieren; wer einen Staat oder ein Land regieren soll, kann dies ohne Politikberatung nicht schaffen, und wer überhaupt nicht mehr weiter weiß, kann sich bei einem Lebensberater über den Sinn seines Daseins informieren. Und mittlerweile gibt es auch für die mehr oder weniger abgründigen Dimensionen dieses Daseins, für Gewissensfragen und moralische Konflikte, den philosophischen Berater. Wer aber beratungsresistent ist, dem wird auf andere Art weitergeholfen: Todesdrohungen auf Zigarettenpackungen, hohe Steuern auf Zucker, Fett und alles, was gerade als schädlich gilt, Zwangstherapien für Störenfriede, Gesinnungsüberprüfungen aller Orten, staatliche Trojaner auf der Festplatte, Überwachung und Kontrolle überall. Verkauft wird uns diese Bevormundung aber gerne mit dem Satz, wir müssten selbstverantwortlich handeln.

Mag sein, dass wir in vielen Fragen ohne Begleitung und Beratung nicht auskommen, auch wenn das grassierende Beratungsgeschäft zu einer veritablen Paradoxie zu führen scheint: Je mehr Menschen es gibt, die sich offenbar nicht mehr auskennen, desto mehr gibt es auch, die sich auskennen und »professionelle« Beratung anbieten. In der Kantischen Logik allerdings bedeutete dies den Rückfall in eine neue, selbstverschuldete Unmündigkeit. Unmündig ist im wörtlichen Sinn derjenige, der auf den Schutz eines anderen angewiesen ist und deshalb seine Sache nicht allein vertreten kann, sondern jemanden benötigt, der für ihn spricht. Unsere Berater sind eben nicht nur Geschäftspartner, sondern immer auch unsere Erzieher, Stellvertreter und Vormünder. In einem übertragenen Sinn gewinnt solche Unmündigkeit in unserer Gesellschaft einen besonderen Sinn, denn in dieser benötigen wir den Mund nicht mehr, um uns als souveräne und selbstverantwortliche Wesen zu artikulieren, sondern um zu konsumieren. Die Fresspakete und Nuckelflaschen in den Klassenzimmern, Seminarräumen und

Hörsälen sprechen eine deutliche Sprache: Wir sind, als Kultur, in eine orale Phase geschlittert, wir bleiben, individualpsychologisch betrachtet, in dieser stecken. Unsere gesamte Kultur ist – aller Kreativitäts- und Aktivitätsrhetorik zum Trotz – eine Kultur der Passivität, in der Konsumieren zu einem Leitbild geworden ist, das weit über die Nahrungsaufnahme hinausreicht.

Der Philosoph Günther Anders hat schon in den sechziger Jahren des zwanzigsten Jahrhunderts festgestellt, dass der zentrale Leitbegriff unserer Kultur, nach dem wir unser Verhältnis zur Welt organisieren, die Oralität ist: »Modell der Sinnesaufnahme ist heute weder, wie in der griechischen Tradition, das Sehen; noch wie in der jüdisch-christlichen Tradition das Hören, sondern das *Essen*. Wir sind in eine *industrielle Oralphase* hineinlaviert worden, in der der Kulturbrei glatt hinuntergeht.«[3] Anders spielt hier bewusst auf einen wichtigen Begriff der Psychoanalyse von Sigmund Freud an. Freud unterschied verschiedene Phasen der psychosexuellen Entwicklung. Jede Phase ist nach Freud durch das Vorherrschen bestimmter erogener Zonen gekennzeichnet, die er als Lustzentren bezeichnete. Der um den Mund zentrierten oralen Phase folgen bekanntlich die anale und die ödipale Phase und, nach einer Latenzperiode, die genitale Phase. In unterschiedlicher Weise entdeckt der heranwachsende Mensch so seine Lustempfindungsmöglichkeiten, aber auch den Widerstand, der diesen zunehmend entgegensteht und überwunden werden muss.

Nach dieser – durchaus umstrittenen – Triebtheorie kommt es zu entwicklungsbedingtem Verhalten und Ansprüchen des Kindes, die auch unter normalen Bedingungen an bestimmten Punkten mit der Realität, der Verfasstheit der Umwelt in Konflikt geraten. In der Regel hat das Kind dabei zu lernen, seine Triebwünsche zugunsten des Realitätsprinzips zurückzustellen. Man könnte die These vertreten, dass die orale Phase kollektiv nun auch für die Aktivitäten und die psychische Struktur des Erwachsenen verbindlich geblieben, ja sogar normativ geworden ist. Das passive Aufnehmen durch den Mund, das Saugen, Essen und Trinken gilt auch im übertragenen Sinn als Modell für unsere Verhaltensweisen: Wir sind in erster Linie und vorrangig alle zu Konsumenten geworden. Konsumieren heißt deshalb, dass andere Formen, mit denen Menschen der Welt bisher gegenübergetreten sind – Auseinandersetzung, Aneignung, Suchen, Erkennen, Glauben, Gestalten, Zweifeln und auch Zerstören –, durch eine uniforme Passivität, deren Modell der orale Verzehr ist, ersetzt worden sind. Das macht uns zwar alle zu Mitgliedern einer großen konsumierenden Gemeinde, hält uns aber, tiefenpsychologisch gesprochen, in der infantilen Phase der Oralität gefangen. Abgesehen davon, welche Lusterfahrungsmöglichkeiten uns durch diese Fixierung auf das Modell oralen Konsumierens entgehen, bedeutet dies, dass es tatsächlich schwerer geworden ist, erwachsen zu werden.

Der amerikanische Politikwissenschaftler Benjamin Barber hat die These formuliert, dass die Welt des Konsums die Menschen in einer umfassenden Weise infantilisiert. So wie sich der Kapitalismus in seiner Frühzeit einer protestantischen Ethik der Askese verdankte, propagiert der Kapitalismus der Gegenwart ein »infantilistisches Ethos«.[4] Die Bestimmung des Menschen als Konsument und der damit verbundene Imperativ des Konsumierens entspricht einem kindlichen Verhalten, das universalisiert und auf alle Altersgruppen ausgedehnt wird. »Die Infantilisierung sieht im ungestümen, zugreifenden Kind den idealen Shopper und im Shopper den idealen Bürger und stärkt deshalb die Präferenz für das Private und das Kindliche. Sie schärft den Erwachsenen die Pflicht ein, dem ›Ich will!‹ und dem ›Gib mir das!‹, welches das kindliche Es enthüllt, freien Lauf zu lassen. Kindlichkeit ist mehr als nur eine Option, sie ist eine Notwendigkeit fürs Überleben des Kapitalismus und daher ein Gebot des Zeitgeistes – und der besteht natürlich im Ethos der Infantilisierung.«[5] Das bedeutet, dass die Identität der Menschen zunehmend davon abhängt, was sie kaufen und konsumieren. Das Haben ersetzt das Tun: »Lebensstile werden zu Marken, und Marken stehen für Lebensstile, die als Kennzeichen der Identität die Stelle einnehmen, die einst der Charakter ausfüllte.«[6] Wer seinen Lebensstil, damit seine Identität heute ändern will, braucht nur sein Kaufverhalten zu modifizieren: Der Besitz der richtigen Jogging-Schuhe ersetzt das Laufen. Wenn die Accessoires stimmen, dann ist auch die Sache selbst schon so gut wie erledigt. Was immer wir von der Welt erwarten, es soll kaufbar und leicht konsumierbar sein. So wie die Nahrung auch für Erwachsene einem Brei gleichen muss, so muss sich alles andere ohne Widerstand erwerben und einverleiben lassen: Gesundheit, Glück, gutes Gewissen, Schönheit und natürlich auch Bildung. »Der Ruin der Hochschulen heute beruht darauf, dass man die Studierenden nicht als autonome Lernende betrachtet, sondern als freie Verbraucher und noch nicht gebundene Markenkäufer, als Kunden für Bildungsdienstleistungen.«[7]

Bildung erscheint längst nicht mehr als Ausdruck einer eigenen und zunehmend selbstverantwortlich organisierten Anstrengung, sondern als das Konsumieren eines Produkts, das von einem Konsortium von Pädagogen und ihren Beratern maßgeschneidert angeboten werden muss. Studenten, die an der Hand ihrer jugendlichen Mütter die Universität betreten, wären dann kein Sonderfall, sondern Symptom einer gesellschaftlichen Entwicklung. Und wie bei den Nahrungs- und Genussmitteln verlangen wir auch hier, dass uns eine übergeordnete Instanz die Verantwortung für unser Tun abnimmt und vor möglichen Gefahren schützt, uns zumindest eindringlich warnt. Anders ist es wohl nicht zu erklären, dass Studenten der University of California in Santa Barbara gefordert haben, dass die Texte der literarischen Klassiker mit Warnhinweisen bezüglich expliziter Darstellungen von Sex und Gewalt versehen werden sollten, um mögliche traumatische Belastungsstörungen nicht zu verschlimmern.[8] Die Tragödien Shakespeares sind dabei ebenso Kandidaten für solche *trigger warnings* wie die Romane Virginia Woolfs. Angesichts solcher Besorgnis um die seelische Gesundheit junger Menschen sollte man zumindest Homers *Ilias* (Gräueltaten aller Art bis hin zur Leichenschändung), Goethes *Werther* (Suizid) und Nabokovs *Lolita* (Pädophilie) vielleicht überhaupt aus dem Verkehr ziehen. Erwachsene Studenten wollen also auf keine intellektuellen Entdeckungsreisen mehr gehen, sondern sie verlangen, dass eine paternalistische Instanz die Verantwortung für ihr physisches und kognitives Konsumverhalten übernimmt. Mündigkeit sieht anders aus.

Die Sache mit der Verantwortung und Selbstverantwortung ist allerdings vertrackt. Nur wer der Auffassung ist, dass jemand prinzipiell nicht für sich selbst verantwortlich ist, kann diese Verantwortung für ihn übernehmen oder auf andere Instanzen abwälzen. Das mag bei Unmündigen bis zu einem gewissen Grad notwendig sein – unter Erwachsenen bedeutet dies, ihre Unmündigkeit ohne Not fortzuschreiben. Was Menschen wollen, ist dann nicht mehr Resultat ihrer Überlegungen, Wünsche und Entscheidungen, sondern wird ihnen von außen suggeriert und vorgegeben. Was sie essen und trinken sollen, welche politisch korrekten Sprechweisen sie pflegen sollen, wie sie auf ihre Gesundheit achten, in welche Schulen sie ihre Kinder schicken, wie sie ihr Studium organisieren, welche umweltverträglichen Produkte sie zu fairen Preisen kaufen sollen, welche Therapien und Beratungen sie aufzusuchen haben, wenn sie einmal nicht weiterwissen, welche Bücher sie besser nicht lesen sollten – irgendeine wohlmeinende Instanz weiß offenbar immer, was richtig ist. Und dies bedeutet: Die Verantwortung liegt immer woanders, nie bei den Akteuren. Gibt es Probleme mit der Integration, fehlt es an einer Willkommenskultur; randalieren Jugendliche am Bahnhof, hatten sie eine schwere Kindheit; verspielt jemand sein Vermögen an der Börse, wurde er schlecht beraten; scheitert jemand in der Schule, waren die Lehrer eine Katastrophe; studieren zu wenige Frauen technische Physik, hat die Gesellschaft versagt. Was gelten eigentlich der Wille und die Tat des Einzelnen in solch einer Welt verschobener Verantwortlichkeit?

Die Bevormundung des Menschen durch Instanzen, die suggerieren, nur sein Bestes zu wollen, indem sie ihm die Fähigkeit absprechen, selbst Entscheidungen zu treffen und für deren Folgen einzustehen, infantilisieren den Menschen nicht nur, sie beschneiden nicht nur seine Freiheit; sie nehmen ihm auch die Würde. Er bleibt Objekt von fürsorgenden, vorsorgenden, kontrollierenden und therapierenden Verfahren, auch und gerade wenn man dabei ständig von Selbstverantwortung spricht. Verantwortung setzt aber Freiheit voraus. Und Freiheit impliziert immer ein Risiko – auch das zur Selbstschädigung. Zur Selbstverantwortung gehört auch die Möglichkeit zu einem Handeln, das andere verantwortungslos finden können. Nur sollte man dann auch die Kraft und den Mut haben, dafür einzustehen.

Selbstverantwortung meint aber noch etwas anderes. Die Verantwortung, die ich für mein Denken und Handeln nicht vor anderen, sondern vor mir selbst übernehme. Dies setzt voraus, dass ich mich selbst als eine Instanz begreife, die mich befragen und vor der ich mich auch verantworten kann. Wie sehr genügen wir eigentlich in unserem Handeln unseren Vorstellungen und Ansprüchen? Oder ist es gerade hier nicht verlockend, anderes oder andere für etwas verantwortlich zu machen, das wir vor uns selbst nicht verantworten könnten? Selbstverantwortung, ernst genommen, ist eine Form der Selbstbegegnung. Es gibt allerdings ziemlich viele und vor allem gute Gründe, dieser Begegnung aus dem Weg zu gehen. Vielleicht ist es dies, wovor unsere wohlmeinenden Generalmentoren, Rundumbetreuer und Universalcoaches die jungen Menschen bewahren wollen. Die von ihnen propagierte Selbstkompetenz wäre dann ein anderer Ausdruck für die Unfähigkeit, für sich selbst Verantwortung zu übernehmen. *In der Infantilisierung einer Gesellschaft zeigt sich die Praxis der Unbildung in ihrer entwürdigenden Gestalt.*

Dabei wäre alles ganz einfach: Habe den Mut, dich deines eigenen Verstandes zu bedienen; habe den Mut, selbst zu entscheiden und für diese Entscheidungen die Verantwortung zu übernehmen; delegiere diese nicht immer an deine Eltern, Lehrer, Vormünder und an die Gesellschaft; habe als junger Mensch, ausgestattet mit aktivem und passivem Wahlrecht, mit dem Recht, Verträge zu schließen, und mit dem Recht, ein selbstbestimmtes Sexualleben zu führen, auch den Mut, eine Universität alleine zu betreten und mit einem Wissenschaftler ein Gespräch zu führen. Wohl wahr: Zu solch einem Mut muss man ermutigt werden. Manchmal geschieht dies am besten dadurch, dass auf jede Beratung, Begleitung und jedes Betreuen von Heranwachsenden und Erwachsenen verzichtet wird. Das aber fällt – Kant wusste es – den selbsternannten Vormündern wahrlich nicht leicht.

8. PHILOSOPHIE DER SCHULE

Anmerkung zu
einer Anmerkung Humboldts

Es ist gespenstisch: Nirgendwo wird so gerne über Utopien, bessere Rahmenbedingungen, ideale Betreuungsverhältnisse, innovative Didaktiken, neue Möglichkeiten, Aufgaben und Herausforderungen schwadroniert wie in Fragen der Bildung; und nirgendwo hält sich die hartnäckige Klage länger, dass sich nichts ändert, alles erstarrt und verknöchert ist, frontal vorgetragen wird, was dann auswendig gelernt werden muss, selektiert statt gefördert wird, alles verstellt und blockiert wird durch Relikte der Vergangenheit, die endlich, endlich beseitigt werden müssen. Tatsächlich gibt es – vielleicht mit Ausnahme der katholischen Kirche – keine Institution, die so sehr unter Verdacht steht, sich allen Veränderungen zu verweigern, wie die Schule. In Österreich sind »Lehrergewerkschaft« und »Betonierer« zu synonymen Begriffen geworden, und es gibt kaum einen beflissenen Schulreformer, der seinen Veränderungswillen nicht mit folgender Fiktion – in der Fachliteratur auch »Sleeper-Argument« genannt – einleitet: Nehmen wir an, ein Mensch, sagen wir des 18. Jahrhunderts, sei in ein tiefes Koma gefallen, aus dem er erst am Beginn der 21. Jahrhunderts erwachte. Er fände sich in einer Welt wieder, die er nicht kennt, die er nicht begreift, mit der er nichts anzufangen weiß; alles ist ihm fremd und unheimlich – der motorisierte Verkehr, die Technik, das Leben. Solch ein Mensch würde fassungslos und erstaunt der neuen Welt gegenüberstehen, bis er – endlich –

eine Schule betritt: Diese erkennt er sofort, hier kennt er sich aus, denn nichts hat sich verändert.[1]

Das Gedankenexperiment scheint schlagend die Trägheit und Resistenz der Institution Schule gegen notwendige und sonst überall sichtbare gesellschaftliche Veränderungen zu beweisen, es scheint deutlich zu machen, dass Schule sich den rasanten Entwicklungen der Gesellschaft nicht anpasst. So darf denn auch der Hinweis darauf, dass sich Schule endlich ändern muss, weil die Gesellschaft sich geändert hat, in keiner rezenten Schulkritik fehlen. Doch einmal abgesehen von der Frage, ob ein Besucher aus einem vergangenen Jahrhundert sich in einer Schule der Gegenwart wirklich auf Anhieb zurechtfände – allein der Lärm und die Disziplinlosigkeit, die große Zahl weiblicher Lehrkräfte, die nachlässig gekleideten Lehrer, die Sitzkreise und die Whiteboards würden ihn an seinem Verstand zweifeln lassen –, gäbe es für diese wirkliche oder vermeintliche Resistenz der Schule gegen Veränderung doch auch plausible Erklärungen. Erfolgreiche Institutionen haben wenig Grund, sich ständig zu verändern; dass eine Einrichtung sich kaum wandelt, könnte auch als Indiz für ihre Sinnhaftigkeit und Funktionalität interpretiert werden; und es wäre doch möglich, dass Unterricht ein kommunikatives Verfahren darstellt, das aufgrund seiner Logik nur wenig Modifikationen und Variationen zulassen kann, ohne zu versagen: »Könnte es nicht sein, dass sich zwar Vieles wandelt, aber ein paar wichtige Dinge nicht oder nur unwesentlich? Und könnte es sein, dass das pädagogische Feld nur begrenzt innovierbar ist [...].«[2]

Der pädagogische Zeitgeist sieht es anders. Die veränderungsunwillige Schule versperrt sich seiner Ansicht nach jenen Notwendigkeiten und Möglichkeiten, die eine moderne Gesellschaft der Schule aufzuerlegen und zu eröffnen scheint. Das gegenwärtig gerne gezeichnete idyllische Bild einer modernen Schule, in der anstelle eines Direktors ein Top-Manager sich seine exzellent ausgebildeten und engagierten Lehrer selbst aussucht, um mit diesen in hellen Hightech-Klassenzimmern einer kleinen Gruppe von hochmotivierten, neugierigen und kreativen Kindern aus aller Herren Länder und aus allen sozialen Schichten ganztags und fächerübergreifend zu helfen, all jene Kompetenzen zu entwickeln, die sie benötigen, um in einer brutalen Wettbewerbsgesellschaft friedlich und mit sozialer Verantwortung unter Wahrung gleicher Chancen für alle doch die besten Aussichten zu haben – dieses Bild ist nicht nur utopisch, sondern, wie jede Utopie, eigentlich eine schreckliche Vorstellung. Der Blick auf die Realität ist in Bildungsdiskussionen allerdings ebenso verpönt wie das Eingeständnis, dass Schule vielleicht manches leisten, aber nicht jedes Defizit der Gesellschaft korrigieren kann.

Bleiben wir also nüchtern. Was soll Schule, was kann Schule? Wilhelm von Humboldt hat einmal die Überlegung angestellt, dass es, »philosophisch genommen«, nur drei Stadien des Unterrichts geben könne: Elementarunterricht, Schulunterricht und Universitätsunterricht.[3] Erforderlich ist also eine Schule, in der gelernt wird, was man zum Lernen braucht; dann eine Schule, in der, nachdem man gelernt hat, was man zum Lernen braucht, belehrt werden kann; und eine Schule, in der man, nachdem man belehrt worden ist, weiß, was und wie man auch weiterhin selbständig nicht nur lernen, sondern auch forschen kann. Anders gesprochen: Es gibt eine Grundschule, in der man all jene Kulturtechniken vermittelt bekommt, die es erlauben, sich überhaupt in einem umfassenderen Sinn Wissen anzueignen. Es gibt eine mittlere Schule, in der man mit kundiger Hilfe in die verschiedenen Wissensgebiete eingeführt wird. Und es gibt Hohe Schulen, in denen man lernt, selbständig Wissen zu erwerben und neues Wissen hervorzubringen.

Nicht immer müssen diese Einrichtungen in einer strengen zeitlichen Abfolge zueinander stehen; manches mag sich überschneiden, manches auch gleichzeitig geschehen; die Logik des Unterrichts und damit des Unterrichtens und damit die institutionellen Rahmenbedingungen gehorchen aber diesen Unterscheidungen.

Humboldts Konzept beschreibt die zentralen Aufgaben der Schule. Fasst man Schule in diesem Sinne auf, stellen sich folgende Fragen: Welche Kulturtechniken müssen von jedem beherrscht werden, um die Chancen auf weiteren Wissenserwerb aufrechtzuerhalten? Welches Wissen muss von Schulen auf einer mittleren Stufe vermittelt werden, damit ein Verständnis für die Welt, in der wir leben, sichergestellt ist und die Lust auf neues Wissen angeregt wird; und wie muss eine Institution beschaffen sein, die das forschende Lernen und das lernende Forschen zu ihrer zentralen Aufgabe macht? Betrachtet man aktuelle Bildungsdiskussionen, fällt einem auf, dass diese Fragen zwar virulent sind, aber oft ausgeblendet werden. Wohl sind die nahezu schon ritualisiert vorgebrachten Klagen, dass es offenbar mit der Vermittlung notwendiger Kulturtechniken wie Lesen und Rechnen, Argumentieren und Denken nicht zum Besten bestellt ist, unüberhörbar. Die diesbezüglichen Schwächen vor allem von Kindern aus sogenannten bildungsfernen Schichten sind auch steter Anlass für umfassende Besorgnis. Dafür hat man rasch eine einfache Erklärung zur Hand: In Österreich, aber auch in Deutschland, den letzten Ländern mit einem gegliederten Schulsystem, werde Bildung eben »vererbt« – und dagegen helfe nur die Gesamtschule.

Die Rede von der »Vererbbarkeit« der Bildung ist allerdings höchst ungenau. Dass Elternhaus und soziales Milieu einen Einfluss auf Bildungschancen haben, ist offenkundig und nicht zu vermeiden – außer alle Kinder werden von Geburt an in öffentlichen Einrichtungen aufbewahrt und aufgezogen. Nun kann man viele Überlegungen anstellen, etwa, ob Schule wirklich in erster Linie dazu da sei, die sozialen Differenzen, die eine kapitalistische Gesellschaft durch ihre Dynamik täglich produziert, immer wieder auszugleichen; und man könnte auch fragen, warum diese sozialkompensatorische Funktion, die man der Schule zuschreibt, nicht immer zufriedenstellend gelingt, vielleicht gar nicht gelingen kann. Die Floskel, nach der Bildung vererbt werde, suggeriert aber etwas ganz anderes: Die Schichten, die im Besitz der Bildung sind, hüten diese offenbar wie einen Schatz, geben sie nur an ihre Kinder weiter und lassen andere nicht an sie heran.

Man spürt die alten Vorurteile gegen das längst nicht mehr existente Bildungsbürgertum. Und man muss aufpassen, dass man nicht in einer fatalen Verkennung der Lage jenen Eltern, die selbst noch lesen und diese Lust an ihre Kinder weitergeben, daraus nun einen Vorwurf macht. Aber nein, so ist es natürlich nicht gemeint, sondern vielmehr, so die Präzisierung, gilt für die Schulen die »Herkunft« mehr als die »Begabung«. Das hat aber mit Vererben nichts zu tun, sondern würde – falls dieser Vorwurf stimmt – bedeuten, dass die Lehrer die ihnen anvertrauten Kinder nicht nach ihren Leistungen fördern, fordern und beurteilen, sondern nach ihrer sozialen Herkunft. Und es würde bedeuten, dass diese Lehrer Talente und Fähigkeiten bei Kindern aus prekären sozialen Verhältnissen entweder nicht erkennen oder bewusst ignorieren. Möglich, dass auf der anderen Seite der soziale Druck, Privilegierte zu privilegieren, so stark ist, dass sich die Lehrer dem nicht entziehen können. Wenn das gemeint ist, ist allerdings nicht mehr klar, warum sich diese Haltung ändern sollte, wenn eben diese Lehrer in einer Gesamtschule unterrichten. Aber wahrscheinlich ist auch solches gar nicht gemeint. Was aber soll dann die anrüchige Rede von »vererben«? Sie erklärt nichts, verrät aber doch einige Unbildung.

Warum Schulen oft an der Aufgabe scheitern, soziale Defizite durch Bildung zu kompensieren, mag weniger mit ihnen selbst als mit einem gesellschaftlichen Klima zu tun haben, in dem Bildung gerade nicht mehr als Motor der sozialen Mobilität begriffen und erfahren wird. Dass etwa Österreich, ein Land, dessen politische und ökonomische Eliten sich ihrer Antiintellektualität und Geistfeindlichkeit gerne rühmen, erwartet, dass junge Menschen ausgerechnet nach Bildung streben sollen, mutet einigermaßen seltsam an. Der Medienwissenschaftler Peter Weibel machte einmal die zynische Bemerkung, dass aktuell die Casting-Shows die »Universitäten für Aufsteiger« seien.[4] Dort, nicht in der Lektüre eines Sachbuchs oder gar eines Romans, erfahren Jugendliche alles über die Mechanismen des Aufstiegs – wenn, dann lohnt es sich, in solche Träume zu investieren. Lesen, Bildung, Wissenschaft werden oft nicht als jene Faktoren wahrgenommen, die zu sozialem und ökonomischem Aufstieg, zu Anerkennung und Erfolg führen. Exzellente Leistungen in diesen Bereichen schützen bekanntlich nicht davor, ins Prekariat abzugleiten. Es genügt nicht, den Wert der Bildung in Sonntagsreden zu beschwören. Wer diesen Wert ernst nimmt, sollte an Rahmenbedingungen arbeiten, innerhalb derer das Streben nach Bildung und Wissen, nach Geist und Kultur, nach Eloquenz und Stil materiell und symbolisch auch tatsächlich honoriert wird.

Für das Versagen von Kindern aus einem Milieu, das wenig Bildungsanreize bietet, gäbe es also auch andere Erklärungsmöglichkeiten als den Mythos von der Vererbbarkeit der Bildung. Vielleicht sind diese Kinder sogar Opfer eines Konzepts von Schule, das sie aus Menschenliebe systematisch benachteiligt. Denn dass der Erwerb von Kulturtechniken, sprachlichen

Fähigkeiten und basalem Wissen nicht ohne Disziplin, ohne Üben, ohne Wiederholungen zu haben ist, will einer modischen Didaktik nicht recht einleuchten, die gerne vom Lernen durch Innovation und dem kreativen Umgang mit der Sprache schwärmt. Das mag gut sein für jene, die zuhause schon sprechen, lesen und schreiben gelernt haben, für andere kann, ja muss es zu einer Frustration werden. Und ob die nur vordergründig kinderfreundliche Methode, jeden Fehler zuzulassen, um nur ja niemanden zu benachteiligen, wirklich zielführend ist, muss mit Fug und Recht bezweifelt werden. Eher betrügt man dadurch junge Menschen um Chancen, bevor sie diese überhaupt als Chancen erkennen könnten.

Die Überdehnung des Kompetenzdenkens und die Glorifizierung digitaler Informationsbeschaffungsmöglichkeiten führen auch dazu, dass die Frage nach dem, was ein Heranwachsender nicht nur können, sondern tatsächlich wissen sollte, aus den bildungspolitischen Debatten fast vollständig ausgeklammert wird. Denn hier – und das trifft vor allem die Sekundarstufe – müsste es um Inhalte, um verbindliche Kenntnisse in natur- und humanwissenschaftlichen Bereichen, um die Bekanntschaft mit kanonischen Werken der Literatur und Kunst, um grundlegende Einsichten in die Geschichte und Politik und deren Zusammenhänge gehen. Das aber würde bedeuten, dass Inhalte ausgewählt, gewichtet und bewertet werden müssen – hier will sich aber niemand exponieren. Als bildungsfern erweisen sich hier die Bildungsplaner und die Agenten der kompetenzorientierten Unterrichtsbürokratie.

Bleibt das forschende Lernen als dritte Dimension des Unterrichts. Die Transformation von Universitäten zu Ausbildungsstätten im Rahmen der Bologna-Studienarchitektur hat die Frage des selbständigen forschenden Lernens zumindest aus den verkürzten Grundstudien schon verbannt. Pointiert gesprochen: Während wohlmeinende Bildungsexperten, die Lehrer nur mehr als Begleiter verstehen, davon schwärmen, dass Kinder alles Wissen dieser Welt selbst entdecken können, haben wir auf der anderen Seite Humboldts Grundschule mittlerweile bis zu den Bachelor-Studien ausgedehnt. »Brückenkurse«, die Studenten mit deutscher Muttersprache jene Grundkenntnisse in dieser Sprache vermitteln, die es ihnen erlauben, Germanistik zu inskribieren, verdeutlichen dies ebenso wie die Tatsache, dass es auch an Universitäten mittlerweile von *schools*, vor allem *Schools of Education* nur so wimmelt. Dass gerade diejenigen, die später an einer Schule unterrichten sollen, ebenfalls an einer Schule und nicht an einer Universität ausgebildet werden, ist ein fatales Signal, das allerdings kaum kritisiert, dafür gerne als Fortschritt gefeiert wird, möchte man doch dadurch der Professionalisierung des Lehrberufs Vorschub leisten. Dass solch eine Professionalisierung durch ihre immanenten Infantilisierungstendenzen auch in ihr Gegenteil, den Dilettantismus, umschlagen kann, wird geflissentlich ausgeblendet. Eine wirkliche Bildungsreform müsste wieder einmal mit einer »Entschulung« wenn nicht der Gesellschaft, so doch zumindest des Bildungswesens beginnen. Die Praxis der Unbildung zeigt sich nicht zuletzt in den Reformen der Lehrerbildung.

Die Lehrer! Lange galten sie als *quantité négligeable* in einem Reformprozess, der sein Heil in der Veränderung von Strukturen, der Revolutionierung von Lehr- und Studienplänen, der Forcierung von Integrations- und Inklusionsprozessen und der Implementierung reformpädagogischer Glaubenssätze suchte. Erst in letzter Zeit besinnt man sich wieder darauf, dass Schule und Unterricht ohne Lehrer nicht stattfinden können. Ein Auslöser für die Renaissance des Lehrers war zweifellos die »Hattie-Studie«, eine großangelegte Metastudie des australischen Erziehungswissenschaftlers John Hattie, die zeigte, dass neben allen Faktoren, die Unterricht beeinflussen, die Aktivitäten des Lehrers von besonderer Bedeutung sind: »Lehrpersonen gehören zu den wirkungsvollsten Einflüssen beim Lernen.«[5] Seitdem wird lautstark darüber räsoniert, was einen guten Lehrer ausmache, wie dieser zu agieren habe, wie sich das Lehrerbild in den vergangenen Jahren gewandelt habe, was erforderlich sei, um das desaströse Image des Lehrerstandes wieder zu verbessern. Unterbrochen werden diese zukunftsweisenden Räsonnements allerdings immer wieder durch die Klagen über die bittere Realität: Deutschland, deine Lehrer! Überforderte, hilflose, ausgebrannte und ungepflegte Lehrer, die alte Rollenbilder vor sich hertragen, welche sie nicht mehr erfüllen können oder dürfen: Sklaven, Mönche, Dorfschulmeister; Lehrer, die verzweifelt um Autorität ringen, die Zeichen der Zeit nicht erkennen und daran scheitern; Lehrer, die als junge Idealisten an die Schulen kommen, doch an der zynischen Kollegenschaft zerbrechen. Doch eine rosige Zukunft zeichnet sich ab: Notwendig sei eine »offensive Beziehungskultur«, und der moderne Lehrer muss sich als »Spieler, Multitasker, Teamplayer« verstehen, dann werde alles gut.[6] Na ja!

Es geht auch anders. Man kann das neue Interesse an der Lehrperson auch dazu nützen, grundlegend über das Wesen des Lehrens nachzudenken.[7] Dabei zeigt sich, dass Lehren in durchaus unterschiedlicher Weise aufgefasst werden kann, dass es ein Lehren gibt, das wie Sokrates ein Wissen des Nichtwissens provozieren will, ein Lehren, das eher einem klassischen Meister-Schüler-Verhältnis gleicht, ein Lehren, das Expertenwissen vermittelt, ein Lehren, das die Lust auf Neues befördert, ein Lehren, das in einem moralischen Sinn erziehen will, aber auch ein Lehren, das blenden und verführen kann. Möglich, dass es sich dabei um Varianten eines »spirituellen Trainerwesens« handelt, dem es letztlich um die »Trennung der Geeigneten von den Ungeeigneten« gehen muss.[8] Davon will heute allerdings niemand mehr etwas wissen. Der modischen Reformrhetorik geht es um ein Lehren, das nicht mehr lehren will, um Lehrer, die schlechthin nicht mehr Lehrer sein wollen. Dies gilt als die eigentliche Zukunft des Lehrers: Ein Partner und Begleiter, der nur noch zur Verfügung steht, selbst aber nichts mehr verfügt, weil er über nichts mehr verfügt. Dass sich dieser Typus im Zuge der Reform der Lehrerbildung durchsetzen wird, steht außer Frage; dass sich dadurch die Krise der Schule und damit auch die Krise des Lehrers nicht nur prolongieren, sondern verschärfen wird, darf ohne großes Risiko prognostiziert werden.

Kehren wir zur Ausgangsfrage zurück: Was soll und kann eine Schule leisten? Friedrich Nietzsche hat einmal kritisch angemerkt, dass die Bildungsanstalten seiner Zeit samt und sonders »Stätten der Lebensnot« seien, Stätten, in denen unter dem Druck sozialer und ökonomischer Notwendigkeiten und damit verbundener Erwartungen agiert und reagiert werden muss. Solche Schulen können im besten Fall ihren Schülern ein Rüstzeug für den Überlebenskampf vermitteln. Es sind, so Nietzsche durchaus mit Anerkennung, »Stätten, an denen man ordentlich rechnen lernt, wo man sich der Verkehrssprachen bemächtigt, die Geographie ernst nimmt und sich mit den erstaunlichen Erkenntnissen der Naturwissenschaft bewaffnet«.[9] Man achte auf die Verben: lernen, bemächtigen, ernst nehmen, bewaffnen! Nietzsche hatte wenigstens begriffen, was Wettbewerb bedeutet. Solche Schulen, die zu Recht an den Erfordernissen und Bedürfnissen des praktischen Lebens orientiert und am Nutzen für dieses Leben und seine Kämpfe gemessen werden können, sind eben keine Bildungsanstalten im eigentlichen Sinn des Wortes, sondern Stätten der Ausbildung, des Trainings, des Erwerbs von durchaus wichtigen und lebensdienlichen Kenntnissen und Fähigkeiten, mit denen man im erbarmungslosen Kampf um Arbeitsplätze, Jobs und Karrierechancen punkten kann.

Nietzsche forderte deshalb auch nicht, dass generell Schulen zu Anstalten einer höheren Bildung werden oder deren Aufgaben übernehmen sollten. Er beklagte lediglich, dass solche Stätten der Bildung nicht (mehr) existierten. Denn Bildung kann sich nur in Freiheit und Muße entfalten, befreit vom Druck der Notwendigkeiten. Bildung orientiert sich gerade nicht am Wettbewerb, sondern am Gegenstand. Jedes Problem der Schule und ihrer Organisation, jedes schlechte Abschneiden bei einem Lesetest, jede Frage nach den Möglichkeiten der Integration von Migranten zu einem Bildungsproblem zu stilisieren kommt deshalb einer Irreführung gleich, die selbst schon Ausdruck einer fundamentalen Unbildung ist.

Um den Stellenwert von Schulproblemen einschätzen zu können, lohnt es sich vielleicht, sich an das zu erinnern, was Bildung sein könnte. Der Berliner Philosoph Peter Bieri hat in einem im Jahre 2005 gehaltenen Vortrag an der Pädagogischen Hochschule Bern eine zeitgemäße und zukunftsfähige Bestimmung des Bildungsbegriffs versucht und erklärt: »Bildung ist etwas, das Menschen mit sich und für sich machen: Man bildet sich. Ausbilden können uns andere, bilden kann sich jeder nur selbst. Das ist kein bloßes Wortspiel. Sich zu bilden, ist tatsächlich etwas ganz anderes, als ausgebildet zu werden. Eine Ausbildung durchlaufen wir mit dem Ziel, etwas zu können. Wenn wir uns dagegen bilden, arbeiten wir daran, etwas zu werden – wir streben danach, auf eine bestimmte Art und Weise in der Welt zu sein.«[10] Im Gegensatz zu vielen sieht Bieri kein Problem darin, die wesentlichen Dimensionen von Bildung auch inhaltlich zu bestimmen: Selbstorientierung, Aufklärung, historisches Bewusstsein, Ausdrucksfähigkeit, Selbstbestimmung, moralische Sensibilität und poetische Erfahrung gelten ihm als jene Dimensionen, die für die Bildungsprozesse von Menschen konstitutiv sein sollten. Bildung, so Bieri, ist nicht denkbar ohne Neugier, ohne Leidenschaft, ohne Reflexion und Selbstreflexion, ohne Wertung und Bewertung, ohne das Wagnis, sich durch das, was man im Bildungsprozess erfährt, verändern zu lassen. Ausbildung hingegen orientiert sich an operationalisierbaren Kompetenzen und Fähigkeiten, die nicht in Hinblick auf ihr bildendes Potential, sondern in Hinblick auf die Einsetzbarkeit des Menschen für verschiedene Zwecke vermittelt und geübt werden.

Teilt man die Unterscheidung von Bildung und Ausbildung, wie sie Peter Bieri vorschlug, so ergeben sich daraus einige interessante Konsequenzen für die Organisation von Bildungsprozessen. Da wir uns nur selbst bilden, aber von anderen ausgebildet werden, können in einem strikten Sinn nur Ausbildungsprozesse organisiert, kontrolliert und operationalisiert werden. Nur was jemand kann, kann überprüft werden, nicht, wie jemand in der Welt ist. In der Transformation unserer Bildungssysteme in Ausbildungsstätten liegt deshalb eine gewisse Logik. Zu glauben, dass man in der Schule die Emanzipation des Menschen ebenso lernen könnte wie Rechnen und Schreiben, war ein Irrtum. In dem Maße aber, in dem Bildung nicht als private Idiosynkrasie, sondern als notwendige Voraussetzung einer Gesellschaft erscheint, die sich an der Idee der Würde des Menschen orientieren möchte, bleibt die Frage nach den Chancen solch einer authentischen Bildung auch weiterhin eine öffentliche Angelegenheit. *Dort, wo sich Bildung nur mehr als Ausbildung versteht, zeigt sich die Praxis der Unbildung in ihrer beschränkten und beschränkenden Gestalt.*

Dabei wäre alles ganz einfach: Man muss sich im Klaren darüber sein, dass das Gelingen von Bildungsprozessen weder an Standards gemessen noch an Erfolgsquoten welcher Art auch immer überprüft werden kann. Ob Bildung im Rahmen gegenwärtiger Bildungsinstitutionen eine Chance hat, lässt sich allein daran ablesen, welche Möglichkeiten neben der zweifellos sinnvollen und notwendigen Ausbildung den Menschen zusätzlich noch eingeräumt werden. Anders formuliert: Die Qualität von Bildungseinrichtungen wäre auch danach zu beurteilen, wie viel Freiheit, wie viel Risiko, wie viel Neugier, wie viel ästhetische Erfahrung, wie viel Nutzloses, wie viele Seitensprünge sie erlauben. Daran wird eine Schule der Zukunft zu messen sein, nicht an einem vermeintlichen Qualitätsmanagement, einer hochtrabenden Organisationsterminologie, kompetenzorientierten Curricula und fadenscheinigen Testergebnissen. Je weniger von diesen aufgeblähten Verfahren und ihren Begrifflichkeiten im Alltag der Schulen und im öffentlichen Diskurs zu spüren ist, desto besser. Auch pädagogische Bescheidenheit wäre eine Zier.

9. LESELUST UND LESELEID

Analphabetismus als geheimes Bildungsziel

Es ist gespenstisch: Eine Mutter nutzt das Angebot der Grundschule ihrer Tochter zu einem Tag der offenen Tür und nimmt interessiert am Unterricht teil. Die junge, engagiert wirkende Lehrerin spricht über Tiere, fragt, welche Tiere die Kinder kennen, schreibt die Tierarten, die ihr zugerufen werden, an die Tafel. Und dann, die Mutter traut ihren Augen kaum, steht da, groß und deutlich: Tieger. Und das Erstaunliche daran: Das war kein Fauxpas, keine einmalige Fehlleistung, wie sie vorkommen kann, sondern hatte System, war Konsequenz der Methode, mit der die junge Lehrerin selbst schreiben gelernt hatte: nach dem Gehör! Schreiben, wie man spricht, ohne dabei korrigiert zu werden – das könnte die Kinder traumatisieren –, wird schon seit geraumer Zeit praktiziert und zeitigt nun seine sichtbaren Erfolge: das Ende der Orthographie. Die durch die unglückselige und misslungene Rechtschreibreform provozierte Unsicherheit und Gleichgültigkeit allen Fragen eines korrekten Sprachgebrauchs gegenüber wird durch eine Didaktik verstärkt, die den regelhaften Charakter unserer substantiellen Kulturtechniken systematisch verkennt und bekämpft. Jeder, wie er will, und wer gar nicht will, kann am Ende weder lesen noch schreiben.[1]

Die Klage von Universitätslehrern, dass Studenten auch in Fächern, in denen der sprachlichen Formulierung besonderes Augenmerk zukommen sollte, weder die Rechtschreibung noch die Grammatik beherrschen und nicht mehr imstande sind, das einigermaßen präzise auszudrücken, was sie – vielleicht – sagen wollten, zeigt, dass solche Lockerheit im Erlernen der Kulturtechniken nicht folgenlos bleibt. Wenn als Konsequenz schulischen Unterrichts am Ende ein »Sprachnotstand an der Uni« konstatiert werden muss, dann ist zu vermuten, dass es sich nicht nur um methodisch-didaktische Schwächen, sondern um eine grundlegende Entwicklung handelt, in der sich ein prekärer Einstellungswandel manifestiert: »An deutschen Schulen und Universitäten hat eine systematische Niveaunivellierung stattgefunden, die das Ergebnis einer wachsenden Scheu ist, den Lernenden gegenüber Grenzen zu ziehen, schlechte Leistungen als solche zu benennen, Unterschiede zu sehen und zu akzeptieren, anstatt allen – ob sie dafür geeignet sind oder nicht – alles eröffnen zu wollen.«[2]

Gegen Ende der Bildungslaufbahn eines jungen Menschen, so scheint es, fehlt es offensichtlich noch immer an fast allem. Analphabetismus ist längst keine Metapher mehr für eine Unbildung, die nur wenige am Rande der Gesellschaft betrifft, sondern der Skandal einer modernen Zivilisation schlechthin: dass junge Menschen nach Abschluss der Schulpflicht die grundlegenden Kulturtechniken nur unzureichend, manchmal gar nicht beherrschen. Natürlich ist nach jedem Schreib- oder Lesetest das Entsetzen groß, und der Ruf nach noch mehr Kompetenzorientierung, noch mehr individualisierter Didaktik, noch mehr modernen Unterrichtsmethoden, noch mehr Fehlertoleranz, noch mehr Einbezug von Laptops und Smartphones in den Unterricht wird lauter. Dass es gerade diese Forderungen und ihre Durchsetzung sind, die die Misere erst erzeugt haben, kommt auch den radikalsten Bildungsreformern nicht in den Sinn. Der Verdacht, dass man gezielt versucht, diesen Problemen zu entgehen, indem man die Niveaus neu definiert, für Schwächen euphemistische Umschreibungen findet und alles allen so einfach wie möglich macht, schleicht sich ein.

Neben der umstrittenen Methode, Schreiben nach dem Gehör zu lernen, zählt der Versuch, die Lesefähigkeit zu steigern, indem man die Texte drastisch vereinfacht, zu den problematischen Strategien einer umfassenden Praxis der Unbildung. Texte in »Leichter Sprache«, die schon von zahlreichen Ämtern aus nachvollziehbaren Motiven eingesetzt werden, um Menschen ohne ausreichende Sprachkenntnisse und geistig Behinderten den Zugang zu behördlichen Informationen zu erleichtern, wandeln sich unter der Hand zu einer neuen Norm, deren Regeln alsbald den durchschnittlichen Sprachstandard definieren könnten: »Kurze Wörter benutzen, sie gegebenenfalls teilen und mit Bindestrichen verbinden [...]. Verboten sind lange Sätze, Passivkonstruktionen, Negationen, der Konjunktiv. Die Satzstruktur soll einfach sein, Nebensätze dürfen nur ausnahmsweise vorkommen, aber nie eingeschoben sein.« Dass viele Menschen auf solche Zumutungen skeptisch reagieren, ist für die Befürworter der Vereinfachung leicht erklärbar: »Das Fehlen von Zwischentönen und beruhigenden Relativierungen machte offenbar Angst.«[3] Warum Relativierungen gegenüber holzschnittartigen Behauptungen beruhigend wirken sollen, bleibt bei dieser Immunisierungsstrategie ebenso fragwürdig wie der Kurzschluss, dass Kritik und Skepsis offenbar nur durch Angst motiviert sein können. Und auch wenn es so wäre: Warum ist jemand, der Angst vor dem Zerfall einer Sprachkultur hat, im Unrecht?

Sprache, so suggerieren es diese Konzepte, dient nur der Übermittlung simpler Informationen. Dass in und mit Sprache gedacht und argumentiert, abgewogen und nuanciert, differenziert und artikuliert wird, dass es in einer Sprache so etwas wie Rhythmus, Stil, Schönheit und Komplexität als Sinn- und

Bedeutungsträger gibt, wird schlicht unterschlagen oder als verzichtbares Privileg von Bildungseliten denunziert. Dass es nicht nur darum geht, behördliche Informationspolitik den Bedürfnissen bestimmter Menschengruppen anzupassen, zeigen die Versuche, literarische Werke genauso in Leichte Sprache zu übersetzen wie die Bibel. Übersetzen ist hier aber ein Euphemismus. Denn es handelt sich nicht darum, ein Sprachwerk mit all seinen Nuancen und Bedeutungsebenen von einer in eine andere Sprache zu übertragen, sondern um den Versuch einer Reduktion und Vereinfachung. Dass durch solches Entgegenkommen, vor allem wenn es auch als Unterrichtsprinzip reüssieren sollte, Menschen systematisch daran gehindert werden, sich einer einigermaßen elaborierten Sprache bedienen zu können, dass sie dadurch von der literarischen Kultur ferngehalten werden, wird bei diesen wohlmeinenden Versuchen nicht weiter bedacht. Und selbst wenn man die Sprache unter pragmatischen Gesichtspunkten sehen und als »praktisches Bewusstsein« deuten wollte[4] – bedeutete eine stark vereinfachte Sprache nicht auch ein stark vereinfachtes Bewusstsein?

Leichte Sprache: das bedeutet leichtes Lesen und leichtes Schreiben. Es wird ja wirklich alles einfacher. Warum eigentlich noch schreiben lernen? Genügt nicht die Fähigkeit, eine Tastatur bedienen zu können? Und wenn die Spracherkennungssysteme einmal halbwegs fehlerfrei arbeiten, wird ohnehin jeder das tun können, was früher nur den Chefs und Großschriftstellern gestattet war: diktieren. Allerdings wird dann nur mehr das dastehen, was man sagen konnte, Oralität wird wieder zur Norm, Literarität zu einer exotischen Variante von Kultur. Ein Rückfall in die Barbarei auf höchstem technischen Niveau? Zu bedenken bleibt: Dass man etwas schreiben lassen kann, ohne selbst schreiben zu können, gab es in allen Schriftkulturen. Genügt es also nicht doch, ordentlich lesen zu lernen und – für Notfälle – eine einfache Handschrift, deren Bild den Druckbuchstaben der Tastatur ähnelt, zu erwerben?

Die mit dem Standardargument der Zugangserleichterung zu abschreckenden Kulturtechniken allmählich durchgesetzte Tendenz, die zusammenhängende Schreibschrift abzuschaffen und durch eine unzusammenhängende Buchstabenschrift, eine leicht zu erwerbende »Grundschrift«, zu ersetzen, scheint genau dies im Sinne zu haben. Schon jetzt können Jugendliche, die in viel gelobten Laptop-, Notebook- oder Smartphone-Klassen unterrichtet werden, nicht mehr mit der Hand schreiben. Dass dabei mehr verloren geht als nur eine überholte Kulturtechnik, wissen alle, die sich näher mit dem Zusammenhang von Lesen- lernen und Schreibenlernen, von Feinmotorik und Hirnent- wicklung, von Kreativität und Freiheit beschäftigt haben. Auch hier wird die Reduktion auf das vordergründig Funktionale erkauft mit dem Verzicht auf Bedeutungsvielfalt und auf die Möglichkeit, souverän über unterschiedliche Techniken des Er- zeugens und Lesens von Texten zu verfügen. Es geht auch hier um eine »Ideologie des Lernens«: »Kinder sollen sich nun auch die Schrift eigenaktiv aneignen. Für die Lehrer wäre das natür- lich bequem. Für die Kinder ist es aber eine Überforderung.«[5] Die Perspektive, dass sich durch die technische Erledigung der alltagspraktischen Kommunikation die »Schreibtätigkeit per Hand zu sich selbst befreien kann«,[6] mag für wenige vielleicht zutreffen und auch tröstlich sein. Ein allgemeines Bildungsziel wird sich daraus nicht mehr formulieren lassen.

Schreiben selbst erschöpft sich nicht in einem technischen Prozess. Schreiben ist eine der entscheidenden Möglichkeiten des Menschen, seine Gedanken, Vorstellungen und Bedürf- nisse zu objektivieren, Schreiben ist ebenso ein Akt der Kom- munikation wie Ausdruck des Subjekts und die entscheidende Möglichkeit, einen Sachverhalt darzustellen. Der Prozess des

Schreibens ist selbst einer Dynamik unterworfen, die nicht darauf reduziert werden kann, etwas, das schon im Kopf ist, einfach zu Papier oder auf einen Bildschirm zu bringen.

Ein grandioser Text Heinrich von Kleists aus dem Jahre 1805 trägt den merkwürdigen Titel *Über die allmähliche Verfertigung der Gedanken beim Reden*. Anhand eines historischen Beispiels – der Rede des Grafen Mirabeau im Jahre 1789 vor den Generalständen, die in der Proklamation der Nationalversammlung endete – versucht Kleist zu zeigen, was es im äußersten Fall bedeuten kann, wenn vielleicht erst während einer Rede ein Einfall formuliert wird, der entgegen allen Absichten und entgegen allen Erwartungen alles ganz anders werden lässt. Aus einer höflichen Antwort auf eine königliche Anfrage wird dann plötzlich der Aufruf zur Revolution – durch einen Gedanken, der dem Redner erst während des Redens kam, ein Gedanke, der in keinem Manuskript stand, den kein Ghostwriter vorgab, den niemand auswendig gelernt und dann aufgesagt hatte. Kleist macht klar, was rhetorische Spontaneität in einer politischen Situation bedeuten kann: »Ein solches Reden ist wahrhaft lautes Denken.«[7] Reden und Denken ergänzen sich nicht nur, finden nicht nur zu einer Übereinstimmung; im Reden bilden sich die Gedanken, und im Denken formen sich Worte.

Was aber bedeutet dieses Konzept, wenn man keine Rede hält, sondern eine solche, oder etwas anderes, schreiben will? Gibt es auch so etwas wie eine allmähliche Verfertigung der Gedanken beim Schreiben? Lässt der kontrollierte Schreibprozess wirkliche Spontaneität, den unmittelbaren Einfall, die situative Lust an dem, was einem gerade in den Kopf kommt, überhaupt zu? Schreiben, zumal professionelles journalistisches oder wissenschaftliches, aber auch die literarische Arbeit, erscheinen in unserer nüchternen Zeit eher als mechanischer Produktionsprozess denn als Mischung von Intuition und Spontaneität. Da werden Ideen, Informationen und Materialien gesammelt, Konzepte und Gliederungen erstellt, Recherchen vorgenommen, Argumente und Belege gesucht, Abschnitte strukturiert, Zitate kopiert, montiert und eingefügt, Thesen formuliert und Schlussfolgerungen gezogen. Von Schreiben in einem emphatischen Sinn, als Prozess, der eine eigene Dynamik entfaltet, kann eigentlich nicht mehr die Rede sein, lieber spricht man von Texterstellung oder Textproduktion. Für manche Textsorten hat schon der Computer mit entsprechender Schreibsoftware diese Aufgabe übernommen. Und soll das Ergebnis solcher Bemühungen eine »Präsentation« sein, wie sie immer öfter auch bei Abschlussprüfungen verlangt wird, reduziert sich dieser Akt überhaupt auf das mehr oder weniger sinnige Zusammenstellen von Bildern, Graphiken, Zitaten und Verweisen, die dann mit knappen Kommentaren versehen werden. Von einem Schreibfluss wird man dann nicht mehr sprechen. Diese Verfahren sind oft redundant und plakativ, Gedanken werden dabei kaum mehr verfertigt.

Allerdings gibt es – nach wie vor – ein Schreiben, durch das sich die Gedanken überhaupt erst im Prozess des Schreibens entwickeln. Dann steht keine Idee, keine Anregung, keine vorgegebene Frage, keine strukturierte Projektbeschreibung, kein Satz von Textbausteinen am Anfang, sondern eine große Leere: ein noch unbeschriebenes Blatt Papier, in seiner materiellen oder virtuellen Erscheinungsform. Und diese Leere will gefüllt werden – mit einem ersten Satz. Und dieser erste Satz zeitigt den zweiten Satz. Ein Wort gibt das andere, vielleicht hat man sogar Ideen gehabt, auch was man schreiben wollte, schien klar, nun aber steht etwas ganz anderes da. Denn die Formulierung, die man gewählt hat, erträgt eine vorher anvisierte Fortsetzung nicht mehr, der Begriff, den man verwendet, erfordert eine andere Argumentation als die, die man für stichhaltig hielt, auf Grund der Lesbarkeit, der Eleganz und des Effekts liegt es vielleicht nahe, eine andere Satzkonstruktion zu verwenden, und schon steht etwas da, was man weder gemeint noch beabsichtigt hatte.

Ist der Prozess des Schreibens selbst kreativ, dann weiß man in dem Moment, in dem man den ersten Satz formuliert, nicht, wie der letzte Satz lauten könnte. Schreiben in diesem avancierten Sinn heißt nicht, Gedanken, Argumente, Überlegungen oder Theorien in eine angemessene sprachliche Form zu bringen, sondern im Vertrauen auf die mögliche Eigendynamik des Schreibens darauf zu bauen, dass aus dem Fortschreiben der Wörter die Gedanken und Ideen überhaupt erst entstehen. Die Voraussetzung dieses Vertrauens aber ist eine Freiheit, die den Schreibenden an keinerlei Vorgaben bindet. Schreiben kann auch heißen, ohne schon eine plausible Kette von Gedanken, die zu Papier gebracht werden sollten, im Kopf zu haben, dennoch die Leere einer Seite füllen zu wollen. Nicht Ideenreichtum ist deshalb der eigentliche Ansporn für eine Verfertigung von Gedanken beim Schreiben, sondern Ideenarmut. Die Hand, die Worte niederschreibt oder in eine Tastatur tippt, wird zum eigentlichen Organ des Denkens. Wer sich diesem Verfahren überlässt, wird mitunter erstaunt sein, was am Ende dann tatsächlich dasteht. Ohne solch eine Offenheit ist das Denken aber das Papier nicht wert, auf das es gebannt wird.

Was bedeutete dies für die Realität des Schreibunterrichts? Schreiben wird in der Regel unter pragmatischen Gesichtspunkten gesehen, bei denen es genau darum geht, bekannte Informationen oder andere Vorgaben textsorten- und adressatengerecht aufzubereiten. Eine der am weitesten verbreiteten Formen des Schreibens im Unterricht hat mit Schreiben im eigentlichen Sinn gar nichts mehr zu tun: das Ausfüllen und

Ankreuzen. Dass nicht nur im Sachunterricht, sondern auch im Sprachunterricht immer mehr mit Aufgaben gearbeitet wird, bei denen es nur noch darum geht, ein Wort einzusetzen, zu unterstreichen, zu ergänzen oder aus einer vorgegebenen Liste eine Auswahl zu treffen, mag zwar die eine oder andere Kompetenz schulen, der Prozess des Schreibens wird dadurch aber systematisch sabotiert. Das gilt nicht nur für die Erarbeitung der Grundlagen, sondern setzt sich auch in der Sekundarstufe, ja an den Universitäten fort. Was dabei verloren geht, ist letztlich die Fähigkeit, überhaupt ein Gefühl dafür zu entwickeln, was es heißt, zusammenhängende Sätze zu bilden, die zumindest einer basalen Logik folgen. Dass an Universitäten bei Klausuren immer mehr Studenten erschrecken, wenn sie erfahren, dass sie Fragen oder Themen in vollständigen Sätzen beantworten oder behandeln sollen, zeigt dies nur allzu deutlich. Vielen will nicht mehr so recht einleuchten, dass sich Argumente und Gedanken, Begründungen und Schlussfolgerungen nur in Sätzen, nicht in Stichworten oder vagen Begriffsandeutungen darstellen und gewinnen lassen. Das wundert aber wenig, denn sie haben es nicht anders gelernt.

Die in Deutschland gültigen »Bildungsstandards im Fach Deutsch« fordern zum Beispiel, dass die Schüler »Schreibstrategien anwenden«, ihr Wissen und ihre Argumente »darstellen«, komplexe Texte »zusammenfassen« und Texte für unterschiedliche Medien »gestaltend schreiben« können. Die an diesen Standards orientierten »Schreibaufträge« zergliedern den Prozess des Schreibens in die Beantwortung von Fragen, die einzeln abgearbeitet werden müssen, und dort, wo eine eigene Position entwickelt werden soll, muss natürlich vorher ein »Schreibplan« oder eine »Mindmap« angelegt werden.[8] Die Aufgabenstellungen bei der schriftlichen Reifeprüfung im Fach Deutsch spiegeln diese Position wider. Da es ja darum geht, bestimmte Kompetenzen zu überprüfen, muss jede Aufgabe in einzeln abzuarbeitende Fragestellungen zerteilt werden, die einen natürlichen Schreibfluss, eine Entfaltung von Gedanken oder die Etablierung einer begrifflichen Ordnung als Resultat – nicht als Voraussetzung – des Schreibprozesses prinzipiell nicht mehr zulassen. Natürlich kann man auf diese Weise rasch überprüfen, ob die einzelnen Arbeitsaufträge erledigt worden sind. Aber der Prozess des Schreibens wird dabei um eine entscheidende Dimension verkürzt. Die Angst, dass bei einem frei gestellten Thema irgendetwas hingeschrieben wird, das sich jeder Überprüfbarkeit entzieht, war und ist sicher nicht unberechtigt. Der freie Aufsatz hatte seine Tücken. Aber deshalb jungen Menschen überhaupt die Möglichkeit zu verwehren, sich wenigstens hin und wieder dem Prozess des Schreibens überlassen zu können, um sich selbst mit einer Ordnung oder Unordnung ihrer Gedanken zu konfrontieren, die sich erst im Schreiben gebildet hat, kommt dem mutwilligen und fahrlässigen Verzicht auf eine zentrale Bildungserfahrung gleich.

So wenig sich Schreiben in der Fähigkeit erschöpft, Buchstaben aneinanderzureihen, Arbeitsblätter auszufüllen und vorgegebene Antworten anzukreuzen, so wenig erschöpft sich die Fähigkeit des Lesens in der Entzifferung von Zeichen und dem Gewinn von Information. Auch die Texte und Kontrollfragen, die etwa der Pisa-Test benutzt, um die Lesekompetenz zu überprüfen, verraten einen einseitigen und eingeschränkten Lesebegriff. Im Zuge der Bestimmung des Lesens als einer ständig zu überprüfenden Kompetenz geht die aktuelle Lesedidaktik dazu über, jeden Leseakt durch vermeintlich hilfreiche Kontroll- und Verständnisfragen zu stören und damit zu zerstören. Wer ein aktuelles Lesebuch zur Hand nimmt, wird erstaunt sein über die ohnehin schon knappen Texte, die nach wenigen Absätzen schon durch Arbeitsaufträge, Kontrollfragen und Übungen unterbrochen sind. Wie soll ein Kind, ein junger Mensch unter diesen Bedingungen Lust am Lesen entwickeln, wie soll er lernen, sich der Dynamik des Lesens zu überlassen, in einen Text zu versinken, in den Sog des Geschriebenen zu geraten, wenn er alle paar Minuten über das Gelesene Rechenschaft ablegen, sich nach jedem Absatz überprüfen lassen muss? Die Nähe des Kompetenzbegriffs zur Gewissenserforschung wird auch bei solchen Kontrollfragen deutlich: Habe ich alles richtig verstanden? Weiß ich noch, wie die Schwester der Hauptfigur heißt? Ahne ich, was der Autor mir sagen will? Kann ich das Gelesene auf meine Situation anwenden? Furchtbar!

Lesen als avancierte kulturelle Praxis ist ohne das Buch nicht denkbar. Wer sich der Bedeutung des Lesens versichern will, wer nach wie vor in der Lust am Lesen einen Wert sieht, der jungen Menschen nicht vorenthalten werden soll, muss sich allerdings Rechenschaft über den Wandel geben, den das Buch, den die Literatur im Zeitalter der digitalen Medien erlebt. Wir leben nicht mehr in einer Welt, in der die Literatur und mit ihr das Buch das Leitmedium war, und die berechtigte Klage über den Verlust der Fähigkeit, auch anspruchsvolle Texte zu lesen, darf nicht vergessen, dass diese Form des Lesens als Kulturtechnik drastisch an Bedeutung verloren hat. Da gibt es nichts zu beschönigen, und die beschwichtigenden Versicherungen kinderfreundlicher Lesedidaktiker, dass heute mehr denn je gelesen werde, weil ständig über Smartphones auch Texte oder Textfetzen ausgetauscht und weitergeleitet würden, klingen ungefähr so wie die Behauptung, dass heute mehr denn je geritten würde, weil fast jeder Mensch einige Dutzend Pferdestärken wenn nicht zwischen seinen Schenkeln, so doch unter seinem Hintern habe. Nein, wir halten die meist dämlichen Sätzchen auf Twitter, die Statusmeldungen und die dazugehörigen Kommentare auf Facebook und die in der Regel niveau- und stillosen *postings* der *user* digitaler Medien nicht für Literatur.

Literatur: Sie war das entscheidende, umfassende Medium der sich herausbildenden aufgeklärten, bürgerlichen Gesellschaft. Es war eine Schriftkultur, in der – gegenüber dem nahezu analphabetischen Mittelalter – Oralität und auch Bildlichkeit stark an Bedeutung verloren. Innerhalb dieser Schriftkultur aber nahm die Poesie, die schöne Literatur, die Belletristik, einen besonderen Rang ein. Sie war der Ort der Sehnsüchte, Wunschbilder und Fiktionen, das Medium, über das Emotionen, Gefühls- und Verhaltensmuster kommuniziert wurden. Die Literatur war der Ort, an dem man etwas über die Welt erfuhr, wenn man sich außerhalb, am Rand derselben befand. Die Literatur war übrigens nie Sache der Herrschenden gewesen. Die konnten und können bis heute nicht richtig lesen und schreiben. Zu diesem Zweck hatte man sich seit alters her Schreibsklaven, Vorleser, Sekretäre und Pressereferenten gehalten.

Der Lesende ist eine eigentümliche Erscheinung: Er ist da und doch nicht da. Er ist, obwohl leiblich anwesend, in einer anderen Welt. Die durch Buchstaben hervorgerufene Welt im Kopf gleicht keiner anderen Welt: weder der Erfahrungswirklichkeit noch der von Bildern, noch einer durch Digitalrechner erzeugten virtuellen Welt. Es ist die Kraft des Imaginären, die dem Leser einen universellen Weltbezug erlaubt: Welt ist dort, wo er ein Buch aufschlägt. Das machte das Lesen und das Schreiben zum bevorzugten Medium der Menschen an Randlagen. Literatur war das eigentliche Medium der Provinz – in jeder Hinsicht. Dort, wo das Leben wenig bot, war die Literatur lange die einzige ernsthafte Möglichkeit einer horizontüberschreitenden Weltaneignung. Es war immer ein wohlmeinendes Gerücht, dass die Beschäftigung mit Literatur unmittelbar für das Leben tauglich macht. Sie ist vorerst eine Kompensation für zu wenig Leben.

Der Eingang in das Reich der Literatur aber hatte seinen Preis: Erfordert war eine Disziplinierung der Sinne und des Körpers, wie sie kein anderes Medium dem Menschen abverlangte. Im Gegensatz zur Sprache, zum Hören und zum Sehen ist uns das Entziffern und Arrangieren von Buchstaben nicht von Natur gegeben. Lesen und Schreiben sind mehr als eine menschheitsgeschichtlich betrachtet sehr spät erfundene Kulturtechnik – sie sind eine Form der Weltaneignung und Welterzeugung, die in bestimmter Weise die Negation der unmittelbaren Selbst- und Welterfahrung zur Voraussetzung hat. Wer liest oder schreibt, dem muss im Wortsinn Hören und Sehen erst einmal vergehen. Der Sinn von Schule lag einmal darin, diese Negation erfahrbar zu machen und einzuüben. Heute gilt, unterstützt von der Hirnforschung, eher die Ansicht, dass Lesen »dumm macht«, da es keine natürliche Fähigkeit unseres Gehirns sei und wir dadurch unsere fünf Sinne vernachlässigten, und das bedeute: »Lesen beschränkt unseren Blick auf die Welt.«[9] Wie tröstlich, dass uns eine nichtlesende Hirnforschung versichern kann, dass unser Hirn ohnehin nicht lesen mag.

Natürlich: Daran ist etwas Wahres. Auch wenn manchen die Zeit, in der die Literatur ein Informations- und Kommunikationsmonopol besaß, heute nahezu wie eine Idylle der Lesenden und Schreibenden erscheinen mag, ist Vorsicht geboten. Denn die Welt der Buchstaben ist tatsächlich eine tote Welt, ein Sammelsurium stummer, kalter schwarzer Zeichen, die erst mühsam durch die Anstrengung und Phantasie des Lesenden zum Leben erweckt werden müssen. Die pädagogische Sorge, dass bloße Buchstabengelehrsamkeit ebenso schädlich sei wie die Flucht in die fiktive Welt der Romane und Liebesgeschichten, ist dabei so alt wie die Literatur selbst – aber das wiederum weiß man nur, wenn man davon liest. An der Literatur lässt sich ein Phänomen von Kultur überhaupt ablesen: dass gegen diese immer das Leben selbst ins Spiel gebracht werden kann. Der zeitgemäßen Klage über die jugendlichen Computerautisten, die via Bildschirm und Internet zwar mit der ganzen Welt kommunizieren, aber unfähig werden, ihre unmittelbaren sozialen Kontakte zu pflegen, korrespondiert so mit der uralten Klage, dass junge Menschen lebensuntüchtig werden, wenn sie sich zu sehr der Literatur hingeben. Solch ein Befund muss vorsichtig stimmen.

Im Zeitalter seiner Digitalisierung stellt sich allerdings auch radikal die Frage nach dem Wesen des Buches. Natürlich kommt es auf den Text an: Und der ist auch aufbewahrt, wenn er, digital codiert, aus dem Datenozean gefischt und auf einem E-Book-Reader zum Erscheinen gebracht wird. Was aber liest man, wenn man solch ein Lesegerät benützt? Wirklich ein Buch? Ganz klar ist das nicht. Ein Buch ist ein in sich geschlossenes Ganzes, unabhängig von jeder Technologie, unabhängig von Elektrizität, unabhängig von jedweder Software-Umgebung. Ein Buch, bis in die Details seiner graphischen Gestaltung und des Schriftsatzes, ist tatsächlich die »perfekte Lesemaschine«, die zudem den Vorteil hat, dass seine Gestalt und damit auch sein Inhalt autonom und invariant sind: »Das Buch ist einfach da, *wirklich*. Nicht so die Datei.«[10]

Bücher, es ist oft genug gesagt worden, können zu Begleitern, zu Freunden, auch zu Feinden werden. Sie sind ungelesen oder zerlesen, mit Unterstreichungen oder despektierlichen Randbemerkungen versehen. Liest man ein einmal durchgearbeitetes Buch Jahre später wieder, kann es geschehen, dass man schreckhaft seiner Vergesslichkeit oder seiner Jugendtorheiten innewird. Unglaublich, welchen Unsinn man einst dick unterstrichen und mit dreifachen Rufzeichen markiert hatte. Bücher, die man über die Jahre hindurch ansammelt, stellen deshalb auch mehr als eine höchst lückenhafte Datenbank dar: Sie sind Ausdruck einer intellektuellen Biographie und der dazugehörigen Zeitgeister. An den Büchern, die nach Jahren, wenn der Wind sich gedreht hat, verschämt in obere Regale verstellt, gar in Kisten gepackt und auf dem Dachboden verstaut werden, lässt sich mehr ablesen als in so manch geschönter Kulturgeschichte. Solches Wissen, solche Erfahrungen, solche Erinnerungen wird keine digitale Bibliothek der Welt bieten können. Zumindest diese Erfahrungen verlieren sich allmählich im Umgang mit digitalisierten Texten.

Digitale Bibliotheken hingegen, auf welchem Speichermedium sie auch immer archiviert, durch welche Lesegeräte sie auch immer aktualisiert werden können, bieten etwas anderes: den nahezu unbeschränkten raschen Zugriff auf die Welt der Texte. Das soll man nicht gering schätzen, das ist durchaus verlockend, ja faszinierend! In den Urlaub zu fahren, und sich nicht mehr mit dem Gewicht der Bücher belasten zu müssen, auch nicht mehr nachdenken zu müssen, was man nun mitnehmen soll, weil ohnehin Hunderte Titel gespeichert sind, und wenn man, egal ob auf einer Insel im Meer oder einer Hütte im Hochgebirge, plötzlich Lust auf ein ganz anderes Buch bekommt – kein Problem, schon ist es bestellt, gekauft, geliefert und bereit, gelesen zu werden. Oder Neuerscheinungen – man liest eine Rezension, die neugierig macht, Sekunden später liest man schon im besprochenen Buch. Das mit den großen virtuellen Buchhandlungen verbundene Lesegerät verschafft uns tatsächlich das Gefühl der Allmacht über das Geschriebene. Nahezu alles steht jederzeit überall zur Verfügung, die Ausrede, dass man sich die leinen- oder gar ledergebundene Klassikerausgabe nicht leisten kann und deshalb bildungsmäßig benachteiligt sei, gilt nicht mehr: Die Gesamtausgaben der Klassiker kosten am virtuellen Buchmarkt zwischen null und 99 Cent. Das kann schon zu einer neuen Leselust führen. Und dennoch: Das Gefühl, über eine Bibliothek zu verfügen und sich in dieser zu bewegen, will und will sich nicht einstellen. Und vor allem: Wir verlernen es zu warten. Was nicht sofort auf Knopfdruck da ist, ist gar nicht mehr da.

Vermutet aber werden kann, dass diesen Zugriff auf die Welt digitalisierter Texte nur der nützen und genießen wird, der auch ein Bewohner der Buchwelt ist. Dem Nomaden des Netzes, der gewohnt ist, alles mit Hilfe von Suchalgorithmen nach Schlüssel- und Reizwörtern zu durchforsten, wird dies wenig bedeuten. Ein Bildungsbegriff, der Lesen auf effiziente Informationsbeschaffung und Schreiben auf einen pragmatischen Kommunikationsakt reduziert, wird paradoxerweise dazu führen, dass gerade diejenigen, die mit den digitalen Medien aufwachsen, diese nicht in einem umfassenden und avancierten Sinn nützen können. Ohne Leselust, ohne auch die Erfahrung von Leseleid, bleiben die vielgerühmten Kompetenzen leere Versprechungen. Man kann zwar lesen, aber ohne dass dies zu einer lebensbegleitenden Leidenschaft wird, verliert sich diese Fähigkeit wieder, friert ein auf einem Niveau, das kaum für das Entziffern der Botschaften der Werbewirtschaft ausreicht.

Lesen und Schreiben sind keine Tätigkeiten, die man einmal lernt, jahrzehntelang brachliegen lassen und trotzdem bei jeder Gelegenheit reaktivieren kann. Wer nicht ständig liest, verlernt das Lesen wieder; wer Sprache und Texte nur unter pragmatischen Gesichtspunkten sieht, wird nur dann lesen, wenn es gar nicht anders geht; wer für die Schicksale, Geschichten, Tragödien und Komödien der Literatur keinen Enthusiasmus entwickeln kann, wird Lesen letztlich als Zumutung empfinden; wer nicht das Buch als physisches Objekt lieben und hassen gelernt hat, wird nie richtig lesen lernen; wer in eine Schule geht, in der aufgrund vorgegebener Bildungsstandards und anwendungsorientierter Kompetenzen diese Liebe zur Literatur nicht mehr vermittelt werden darf, wird zum Analphabetismus verurteilt. So wohltönend können die Reden der Bildungsreformer und ihrer politischen Adepten gar nicht sein, dass sich dahinter nicht jene Geistfeindlichkeit bemerkbar machte, die den Analphabetismus als geheimes Bildungsziel offenbart. Wäre es anders, gäbe es, zumindest als Schulversuch, nicht nur Notebook-Klassen, sondern vor allem und in erster Linie wirkliche Buch-Klassen. *In der generellen didaktischen Missachtung des Buches – »Ganzschrift« heißt das dafür zuständige Unwort – zeigt sich die Praxis der Unbildung in ihrer erbärmlichsten Gestalt.*

Dabei wäre alles ganz einfach: Lesen und Schreiben sind Kulturtechniken, deren grundlegende Beherrschung unerlässlich ist. Dass der Erwerb dieser Techniken nicht jedem leicht fällt, ist kein Grund, das Betrachten von Bildern zu einem Akt des Lesens und das Ankreuzen von Wahlmöglichkeiten zu einem Akt des Schreibens hochzustilisieren. Besser wäre es, all jene, die Schwierigkeiten beim Erwerb dieser Fähigkeiten haben, mit allen zur Verfügung stehenden Mitteln zu unterstützen, damit sie wirklich lesen und schreiben lernen. Dazu braucht man wahrscheinlich keine Reformen und weniger moderne Didaktik als vermutet. Dann aber hängt alles davon ab, im geschriebenen Text nicht trotz, sondern wegen seiner Linearität, seiner die Phantasie anstachelnden Kargheit, seiner nur vordergründigen Sinnenfeindlichkeit ein nach wie vor herausragendes Medium der Verständigung, der Selbstreflexion und der ästhetischen Lust zu erblicken, das einen zentralen Stellenwert in jedem Bildungsprozess einnehmen kann und einnehmen soll. Vor allem im Zeitalter des Internet und des ubiquitär verfügbaren

Wissens könnte dem Buch und damit dem Lesen eine neue Bedeutung erwachsen: So wie man sich früher aus den lärmenden Metropolen zeitweilig auf das Land zurückzog, um die Einfachheit, die Stille und einen naturnahen Tagesrhythmus zu genießen, könnte die Literatur zum omnipräsenten digitalen Universum karge Kontraste schaffen, Orientierungspunkte, Inseln, auf denen man sich von den über uns zusammenschwappenden Informations- und Unterhaltungsfluten erholen kann. Auch Schulen und Universitäten könnten solche Inseln darstellen.

Das bedeutet nicht, all das, was Texte im Zusammenhang mit Gebrauchsliteratur und kommunikativen Akten auch sein können, zu ignorieren oder zu missachten. Aber ein klein wenig Mut zur einer ästhetischen Urteilskraft darf auch von Bildungsbürokraten und Lehrern eingefordert werden: Die Twitter-Nachricht eines Politikers oder Journalisten mag ihren sachlichen Wert haben; ein Aphorismus ist sie deshalb noch lange nicht. Wer es mit der vielbeschworenen Lesekompetenz ernst meint, muss die Rückkehr der Literatur in den Unterricht fordern; das öffentliche Nachdenken und die Diskussion über einen verbindlichen Kanon europäischer und außereuropäischer Werke, deren Lektüre allen Höheren Schulen empfohlen werden könnte, würde mehr Aufmerksamkeit und Leselust bewirken als alle Leichtlesebücher, Lesetests und Lesedidaktiken zusammen.

10. DIE DIKTATUR DER GESCHÄFTIGKEIT

Von der Käuflichkeit des Geistes

Es ist gespenstisch: Im Frühjahr des Jahres 2014 starteten Studenten der Wirtschaftswissenschaften aus 19 europäischen Ländern einen »Aufruf für eine plurale Ökonomie«, in dem sie eine »besorgniserregende Einseitigkeit der Lehre« sowie eine »fehlende intellektuelle Vielfalt« anprangerten und einen »theoretischen und methodischen Pluralismus« forderten.[1] Das, was für eine Universität eigentlich selbstverständlich sein sollte, muss eingemahnt werden, weil Wissenschaft offenbar zu einem Mainstream-Unternehmen geworden ist, das sich am Zeitgeist, den Interessen der Wirtschaft und den Karrieren von Forschern orientiert und in dem wirkliche Kontroversen, alternative Konzepte, differente Positionen und Methoden weder in der Forschung noch in der Lehre verfolgt werden können. Das, was einst das Wesen einer Universität ausmachte, die Freiheit in Forschung und Lehre, ist zu einer lästigen Marginalie geworden, die den Betrieb nur noch zu stören, nicht mehr zu befördern vermag. Dass Studenten zu dieser kritischen Initiative fanden, zeugt von einem wachen Bewusstsein für das, was Bildung durch Wissenschaft eigentlich bedeutet, stellt jenen aber ein denkbar schlechtes Zeugnis aus, die seit Jahren und Jahrzehnten die Universitäten zu Ausbildungs- und Dienstleistungszentren für die Märkte transformieren möchten.

Der Verdacht, dass die Wissenschaft und ihre Lehre nicht mehr frei, sondern auch an staatlichen Universitäten und

Hochschulen an letztlich ökonomische Kriterien und Erwartungen gebunden sind, ist nicht ganz unbegründet. Das mag im Trend einer Zeit liegen, in der Messbarkeit und wirtschaftliche Effizienz zu den obersten Maximen geworden sind, aber auch Menschen, die wenig dagegen haben, dass auf dieser Erde nahezu alles käuflich ist, beschleicht ein Unbehagen, wenn die Rede davon ist, dass die Wahrheit vor Gericht, die Wahrheit in der Politik und eben auch die Wahrheit in der Wissenschaft nur eine Frage des angemessenen Preises ist. Und wenn es Dinge gibt, die man auch in einer marktorientierten Gesellschaft für Geld nicht kaufen können sollte, dann ist die Wahrheit sicher ein Kandidat dafür.[2]

In der europäischen Kultur beginnt die Debatte über die Käuflichkeit des Wissens schon mit Platons Kritik an den Sophisten. Für Platon waren diese nämlich weniger Weisheitslehrer als vielmehr »Händler«. Sie brachten keine Erkenntnisse hervor, sondern gaben rhetorische Kunstgriffe, Argumentationstechniken und interessenbezogene Scheinwahrheiten gegen Bezahlung an ihre Schüler weiter. Man könnte sagen, dass der Fortschritt der europäischen Wissenschaften mit der Absage an diese Praxis, Wissen als ein Geschäftsmodell zu betreiben, verbunden war. Platons Schüler Aristoteles hat klar gemacht, warum Erkenntnisse nicht wie anderes den Gesetzen des Marktes unterworfen werden können: »Wissen und Geld [lassen] sich nicht mit einem Maß messen«.[3] Das Geld ist dem Wissen gegenüber »radikal fremd, weil es im Wissen nichts gibt, was sich mit dem Geld anhand eines gemeinsamen Terminus in Beziehung setzen ließe«.[4] Die Wahrheit ist kein Gut, das sich nach dem Prinzip von Angebot und Nachfrage herstellen und zu einem angemessenen Preis verkaufen ließe, da sich die Erkenntnis als Resultat vernünftigen Nachdenkens quantitativen Bewertungskriterien ebenso entzieht wie Steuerungsmechanismen.

Die Neuzeit und die Moderne haben diesen Überlegungen Rechnung getragen, indem sie die Freiheit von allen politischen, religiösen und ökonomischen Instanzen zur Vorbedingung der wissenschaftlichen Forschung erklärten. Nicht zuletzt die Universität war als die Einrichtung gedacht, die dieses Prinzip gleichsam institutionalisieren sollte. »Die Wissenschaft und ihre Lehre ist frei.« Der bis heute gültige § 17 des Österreichischen Staatsgrundgesetzes von 1867 ziert noch immer den Aufgang des Neuen Institutsgebäudes der Universität Wien. Allerdings: Das war und ist ein Zielparagraph, der ein Ideal formulierte, nie aber eine Wirklichkeit beschrieb. Seit sich die neuzeitliche Idee der Universität festigte, gibt es den Ruf nach einer unbedingten Freiheit, die allein der Aufgabe und dem Wesen der Wissenschaft und ihrer Vermittlung gerecht werden könne. Gleichzeitig war dieses Bestreben stets von dem Verdacht begleitet, dass eine Institution wie die Universität, die immer auch mit politischen, religiösen und ökonomischen Interessen verquickt war, diese Freiheit nur schwer garantieren könne. Jene Unabhängigkeit, die der Geist braucht, um ohne Rücksicht auf fremde Interessen forschen und das Erkannte vermitteln zu können, schien an Universitäten, gleich ob sie vom Staat oder von Privaten finanziert wurden, immer nur bedingt gewährleistet.

Die Geschichte der europäischen Wissenschaften ist deshalb auch eine Geschichte der Skepsis gegenüber dem institutionalisierten Lehr- und Forschungsbetrieb und dessen Anfälligkeit für Käuflichkeiten aller Art. Dazu nur einige Beispiele aus der Philosophie, sicher eine diesbezüglich besonders sensible Disziplin. Als der jüdisch-portugiesisch-niederländische Linsenschleifer, Privatgelehrte und Philosoph Baruch Spinoza, unter Kennern schon eine geheimnisvolle Berühmtheit, einen ehrenvollen Ruf an die Universität Heidelberg erhielt, lehnte er diesen mit dem Hinweis ab, dass er nicht wisse, in welchen Grenzen er an diesem Ort philosophieren müsse. 200 Jahre später schrieb der junge Friedrich Nietzsche, soeben als Professor für Alte Sprachen an die Universität Basel berufen, dass zum Philosophieren nur eines notwendig sei: »Freiheit und immer wieder Freiheit«[5]; wenig später quittierte Nietzsche seine Professur und überantwortete sich der unsteten Existenz eines »freien Geistes«. Nochmals hundert Jahre später, in den Jahren nach dem Zweiten Weltkrieg, lehnte der Philosoph, Schriftsteller und engagierte Technikkritiker Günther Anders mit Verweis auf Spinoza die Berufung an eine renommierte Universität ab. Und im Jahre 2007 kündigte der Philosoph Peter Bieri seinen Lehrstuhl an der Freien Universität Berlin, da ihm die im Zuge der Bologna-Reform veranstaltete Umgestaltung der Universität eine ernsthafte Arbeit nicht mehr garantieren konnte: »Wenn ich mir ansehe, wer im Fernsehen oder in den Zeitungen die Helden sind, so sehe ich nur Fassaden ohne etwas dahinter. Das Gleiche läßt sich an den Universitäten beobachten, die zur Zeit durch die Perspektive der Unternehmensberatung kaputtgemacht werden. Wir bekommen ständig Fragebögen: Wie viele Gastprofessuren haben Sie wahrgenommen? Wie viele Drittmittel haben Sie eingeworben? Eine Diktatur der Geschäftigkeit. All diese Dinge haben mit der authentischen Motivation eines Wissenschaftlers gar nichts zu tun.«[6]

Natürlich sind das Einzelfälle. Aber vielleicht indizieren sie doch einen Problembestand. Zwar wird rhetorisch an der Freiheit von Lehre und Forschung festgehalten, in der Realität aber ist diese Freiheit gefährdet, auch wenn diese Gefährdungen aus unterschiedlichen Richtungen kommen können. Bieris Formulierung von der »Diktatur der Geschäftigkeit« verweist darauf, dass die Einschränkungen der akademischen Freiheit heute weniger von Kirche und Staat vorgenommen werden als vielmehr Ausdruck von mitunter höchst zweifelhaften Kontrollverfahren sind, denen sich die Universitäten freiwillig unterwerfen. »Käuflichkeit« ist weniger als direkte Form der Korruption und Bestechung von Wissenschaftlern zu verstehen – obgleich dies immer öfter vorkommt –, sondern als indirekte Unterwerfung des Wissens unter die Prinzipien des Marktes. Unter dem Diktat eines künstlich erzeugten »sinnlosen Wettbewerbs«[7] orientieren sich immer mehr Wissenschaften an Kriterien, die weder für die Qualität noch für die Entwicklung dieser Disziplinen, noch für ihre gesellschaftliche Relevanz wirklich bedeutsam sind. Es sind zuerst Maßzahlen, die an die Stelle des Geldes als Wertmesser treten, dann aber direkt in Geldflüsse transformiert werden: Impact-Faktoren, Publikationslisten, Zitationsindizes, Drittmittelsummen, Forschungsreisen, Gastprofessuren, Projektanträge – das mag alles gut klingen und ist vor allem messbar, dem eigentlichen Motor der Wissenschaften, der Neugier, dem Streben nach Wahrheit und der Verpflichtung auf unbestechliche Vernünftigkeit und intellektuelle Redlichkeit ist dies allerdings nicht immer dienlich. So werden mittlerweile bei Berufungsverfahren die Forschungsleistungen von Wissenschaftlern nicht mehr inhaltlich begutachtet und diskutiert, sondern es wird einfach der berüchtigte Hirschfaktor berechnet, der über Publikationen und ihre Zitationen in einer Kennziffer Auskunft geben soll.

Diese Sehnsucht, an quantifizierbaren und nicht an inhaltlichen Kriterien gemessen zu werden, ist allerdings in der Wissenschaft besonders prekär, verdankt sich ihr Fortschritt doch einem methodisch abgesicherten Diskurs und nicht einem quantifizierenden Verfahren. Natürlich wird trotz allem weiter geforscht, und es mag schon sein, dass es Korrelationen zwischen den bibliometrisch ermittelten Daten und der Qualität der Forschung gibt. Der Verdacht, dass das Schielen nach hoch bewerteten Publikationsorten einen vorauseilenden Gehorsam gegenüber dem wissenschaftlichen Mainstream produziert, der in die Nähe intellektueller Prostitution gerückt werden kann, ist allerdings nicht von der Hand zu weisen.[8]

Wo die Freiheit ab-, der Druck aber zunimmt, steigt auch die Tendenz zu risikoloser Mittelmäßigkeit, zur Orientierung an externen Kriterien wie Vermarktbarkeit und Effizienz, zur Ausrichtung an den expliziten und impliziten Vorgaben und Interessen der Drittmittelgeber und, vor allem in den Sozial- und Humanwissenschaften, die Bereitschaft, sich den politischen oder ideologischen Vorgaben zu beugen. Dass etwa, geht es um die Frage der Inklusionspädagogik, nur mehr eine ideologische Position vertreten werden darf, welche Forschungsergebnisse, die ihr widersprechen, gar nicht mehr zur Kenntnis nimmt, sondern deren Vertreter einfach als »schlechte Menschen« denunziert, mag als ein Beispiel für solch eine Korrumpierbarkeit gewertet werden, wenn vielleicht auch aus guten moralischen Gründen.[9] Aber genau in dieser Mischung aus Quantifizierungswahn und politisch korrekter Moral besteht die Gefahr der Käuflichkeit von Wissenschaft heute.

Das bedeutet nicht, dass die Forderung nach Forschungsfreiheit ungeregelten Wildwuchs, subjektive Willkür und thematische sowie methodische Beliebigkeit verteidigt. Natürlich entwickeln sich Fragestellungen und Methodendiskussionen aus einem Mix unterschiedlicher Faktoren, zu denen innere Motive ebenso zählen können wie äußere Anlässe, bei denen Zufälle ebenso wichtig werden können wie genau kalkulierte Strategien, Ideen von Einzelnen ebenso fruchtbar sein können wie kollektive Anstrengungen, die Normen der *scientific community* ebenso eine Rolle spielen können wie die Erwartungen und Ansprüche der Öffentlichkeit. Das bedeutet auch nicht, dass angewandte, lösungsorientierte und aus unterschiedlichen privaten und öffentlichen Quellen gespeiste Forschung nicht sinnvoll und ertragreich sein kann; das bedeutet nicht einmal, dass Auftragsforschung immer von Übel sein muss. Entscheidend ist, ob Initiatoren, Finanziers und Interessengruppen die methodische Freiheit der von ihnen geförderten Forschung stützen und die Ergebnisse auch dann akzeptieren und zur Veröffentlichung freigeben, wenn diese nicht ihren Erwartungen und Intentionen entspricht. Es muss das garantiert sein, was man »kognitive Autonomie« nennen könnte. Dass dies nicht immer der Fall ist, wissen wir, und dass manche Universitäten glauben, ihre Verträge mit privaten Großsponsoren geheim halten zu müssen, lässt darauf schließen, dass durch solche Initiativen Forschung auch gelenkt und eingeschränkt werden soll. So haben sich im Frühjahr 2013 namhafte europäische Wissenschaftler im »Züricher Appell« gegen solch eine undurchsichtige Kooperation der Universität Zürich mit der UBS (Union Bank of Switzerland) ausgesprochen und eine klare Trennung von Wirtschaft und Wissenschaft gefordert.[10] Für viele industrienahe Forschungsrichtungen stellt der zunehmende Verwertungsdruck, der sich in der Anmeldung von Patenten äußert, zudem eine echte »Begrenzung« der »Freiheit der Mittel« und der »Freiheit der Ziele« der Forschung dar.[11] Auch wenn man die Dinge sehr nüchtern betrachtet und den pragmatischen Charakter wissenschaftlicher Forschung unterstreicht, ergibt sich, dass die Forschungsfreiheit »in allen ihren Formen eine instrumentelle Bedeutung für wichtige Güter« hat und es deshalb »leichtfertig« wäre, sie aufzugeben.[12]

Und dies trifft nicht nur die Forschung, sondern auch die Lehre. Wer es in Kauf nimmt, dass die Freiheit der Forschung mitunter empfindlich beschnitten wird, um etwa Forschungsgelder zu lukrieren, darf nicht vergessen, dass die Lehre, durch welche Wissenschaft weitergegeben wird, der gesellschaftliche Ort ist, an dem auch darüber entschieden wird, wie Wissenschaft wahrgenommen wird: als eine Form der Freiheit oder als bedürfnis- und kundenorientierte Palette möglichst profitabler Angebote aus dem Bereich der Kompetenzen, Zertifikate, Abschlüsse und Qualifikationen. Unter bestimmten Umständen kann man diese heute schon käuflich erwerben. Die antiken Sophisten hätten an modernen Universitäten mit vielen marktorientierten, kostenpflichtigen Angeboten ihre helle Freude gehabt.

Bologna und die daran anschließenden Studienreformen haben die Freiheit der Lehre einigermaßen beschädigt. Auch wenn die Universität nie der schrankenlose Ort der geistigen Freiheit war, als der sie im nostalgischen Rückblick mitunter erscheinen mag, war sie nie so sehr Schule gewesen wie im Zeichen von Bologna. Modularisierte Studienpläne, hochselektive Studieneingangsphasen, straffe Studienzeitvorgaben, penible ECTS-Verrechnungen und verbindliche Voraussetzungsketten gewähren nicht nur den Studierenden wenig Freiraum, sie kneblen vor allem die Freiheit der Lehre. Schon aus Gründen der Gerechtigkeit müssen Lehrveranstaltungen, deren positive Absolvierung darüber entscheidet, ob jemand überhaupt in einem Studium bleiben kann und weitere Module absolvieren darf, inhaltlich und didaktisch möglichst ähnlich aufgebaut werden. Massenfächer mit Massenprüfungen rufen geradezu nach standardisierten und automatisierbaren Prüfungsmethoden, die vereinheitlichte Inhalte zur Voraussetzung haben. Die Einrichtung reiner Lehrdozenturen entkoppelt nicht nur im Einzelfall Lehre von Forschung, sondern legt implizit nahe, dass es darum geht, einen Stoff nach standardisierten Vorgaben zu vermitteln. Für die individuelle Ausgestaltung der Lehre bleibt da wenig Raum, und dort, wo diese sich doch bemerkbar machen sollte, wird eine kompetenzorientierte Hochschuldidaktik schon dafür sorgen, dass die Bäume der akademischen Freiheit nicht in den Himmel wachsen.

Die Praxis akademischer Unbildung realisiert sich als vordergründig rationale Verwaltung. Mag sein, dass es den aktuellen Bedürfnissen der Gesellschaft entspricht, Universitäten als Einrichtungen zu definieren, in denen in erster Linie anwendbares Basiswissen für einen raschen Berufseinstieg zügig erworben werden soll, aber vielleicht sollte man solche Einrichtungen dann nicht Universitäten nennen, sind doch diese als Orte definiert, an denen wissenschaftliches Wissen in kritischer Absicht in gemeinsamer Arbeit von Studenten und Professoren entwickelt und vermittelt wird. Der Sinn eines universitären Studiums, eine wissenschaftliche fundierte Ausbildung, die einen größeren Horizont zu bieten hätte als eine fachspezifische Praxisorientierung, ist für die Mehrzahl der Studenten keine Option mehr. Vor allem aber: Die Freiheit, die das Wesen einer Universität ausmacht, hat für alle Beteiligten spürbar abgenommen.

Dass eine höhere Bildung und ein akademischer Abschluss erstrebenswerte Güter und Voraussetzungen für ein erfolgreiches Berufsleben sind und deshalb möglichst vielen zukommen sollen, hören wir immer wieder. Universitäten, die zu wenige Abschlüsse produzieren, werden gerügt, hohe Absolventenquoten angebetet wie steigende Börsenkurse. Für die Statistiken der Bildungspolitiker und Bildungsökonomen ist es wichtig, dass möglichst viele Besucher einer sogenannten Universität auch möglichst rasch fertig werden. Wie man zu diesen gewünschten Abschlüssen, Graden und Titeln kommt – da sieht man vielleicht nicht mehr so genau hin. Mittlerweile haben sich ja nicht nur die akademischen Titel inflationär vermehrt, sondern auch die dazugehörigen Erwerbsmöglichkeiten, und der von manchen gerne propagierte freie Bildungsmarkt lässt hier noch einiges erwarten. Irgendwie wird irgendwann schon jeder zu seinem Abschluss kommen. Was dieser bedeutet und welche Form von Bildung damit zertifiziert ist, ist von sekundärer Bedeutung. Um sich in dieser Titelflut dennoch zu orientieren, nimmt man zunehmend zu einem weiteren, rein äußerlichen Kriterium Zuflucht: Entscheidend ist nicht mehr, was jemand, sondern wo er studiert hat. Auf den Visitenkarten ist der Doktor vor dem Namen verschwunden, der dem Namen nachgestellte MA oder PhD enthält aber in Klammern die – nach Möglichkeit – amerikanische Universität, an der dieser Grad erworben wurde. Soviel zum Standesdünkel in modernen Zeiten.

Vieles, was die Universität einst als physischen und sozialen Ort auszeichnete, hat sich allerdings tatsächlich überlebt. Bibliotheken etwa oder Vorlesungen sind im Zeitalter der Digitalisierung nicht mehr an physische Lokalitäten gebunden. Natürlich ist es denkbar, dass Universität in Zukunft nur mehr der Name für eine Zertifizierungsagentur sein wird, für die man sich per Internet einschreibt, wo man dann per Internet eine Aufnahmeprüfung macht, per Internet Vorlesungen verfolgt, per Internet Multiple-Choice-Tests ausfüllt, per Internet eine Bachelorarbeit abgibt, die per Internet auf Plagiate überprüft wird, um dann per Internet einen Studienabschluss zuerkannt und das entsprechende Zertifikat übermittelt zu bekommen. Der Student der Zukunft muss nicht einmal sein Haus verlassen, wenn er Vorlesungen anderer Universitäten verfolgen will, auch das Auslandsstudium ist immer nur einen Mausklick entfernt. Die Ökonomie solch einer Universität liegt auf der Hand, Räume und Professoren können in großem Stil eingespart werden, und wenn das Netz einmal verlassen werden sollte, dann weniger, um zu studieren, sondern um sich in einem Praktikum zu vernetzen. Die Karriere will schließlich gut vorbereitet sein.

In seinem kulturkritischen Pamphlet *Alles Boulevard*, mit dem programmatischen Untertitel *Wer seine Kultur verliert, verliert sich selbst* macht der südamerikanische Autor Mario Vargas Llosa an einer Stelle die Bemerkung, dass jede kritische Reflexion aus den modernen Informationsmedien verschwunden sei und nur noch in der »klösterlichen Abgeschiedenheit der geisteswissenschaftlichen Fakultäten« stattfinde.[13] Fraglich, ob der streitbare Schriftsteller in den letzten Jahren eine solche Fakultät besucht hat. Die in sinnlose Wettbewerbe gehetzten atemlosen *Prae-* und *Postdocs*, die von Sitzung zu Sitzung eilenden, Projektanträge schreibenden und Drittmittel lukrierenden Professoren und dazu Studenten, die, ihre berufliche Karriere fest im Blick, Modul um Modul geistlos absolvieren, ohne nach rechts oder links zu blicken: All dies hat mit der konzentrierten und kontemplativen Atmosphäre einer klösterlichen Abgeschiedenheit, in der Reflexion, Besinnung, Auseinandersetzung und die Wertschätzung von Kultur und Geist noch stattfinden könnten, rein gar nichts mehr zu tun. Und doch – dies sei einmal als eine vielleicht etwas waghalsige These formuliert – läge vielleicht in einer solchen klösterlichen Zurückgezogenheit die Möglichkeit der Renaissance akademischer Bildung, die Chance und die Zukunft der Universität als Ort eines Wissens, an dem es um mehr geht als um Informationsmanagement, Absolventenquoten, Massenprüfungen, Rankings und Kompetenzsimulationen.

Ein akademisches Studium allerdings, das sich nicht einer Diktatur der Geschäftigkeit unterwerfen möchte, sondern an der Konzeption von Bildung durch Wissenschaft orientieren will, kann sich auch nicht in einer fachlichen oder beruflichen Qualifikation, so wichtig diese auch sind, erschöpfen. An einen akademisch gebildeten Menschen darf und soll man darüber hinausgehende Ansprüche stellen. Vorab, und das verstünde sich fast von selbst, wenn es nicht immer wieder in Frage gestellt würde, gehört dazu das Wissen um das Wesen von Wissenschaft überhaupt. Lange war man der Auffassung gewesen, dass dies durch eine Philosophie zu leisten sei, die die Voraussetzungen, Methoden und Akzentuierungen aller Wissensformen in Bezug auf das Ganze des Wissens zu denken gehabt hätte. Weil das an einer Universität erarbeitete und vermittelte Wissen ein wissenschaftliches Wissen ist, Wissenschaft selbst aber eine nicht beliebige Form der Hervorbringung und Entwicklung von Wissen darstellt, ließe sich diese Konzeption auch in eine moderne Fassung bringen: Universitäre Bildung bedeutete demnach, vor aller Spezialisierung in einem Fach einmal grundlegend in die Tradition, Problematik und Gestalt des neuzeitlichen Wissenschaftsbegriffs eingeführt worden zu sein. In diesem Sinn wäre eine Neufassung eines verpflichtenden Philosophicums oder eines *studium generale*, das eine wissenschaftstheoretische, eine wissenschaftshistorische und eine wissenschaftsphilosophische Ausrichtung haben sollte, ein erster Schritt zur Wiedergewinnung jener Idee von Universität, die in der Gesamtheit der Wissenschaften, in der *universitas litterarum* ihre Bestimmung gesehen hatte.

Zu dieser Erkenntnis um das Wesen und das Zuständigkeitsfeld von neuzeitlicher Wissenschaft gehörte auch ganz entscheidend die Einsicht, dass wissenschaftliches Wissen immer vorläufiges Wissen ist, dass also auch die essentiellen Ergebnisse selbst Einsichten sind, die jederzeit revidiert werden können und bereits vielfach wurden. Die Universität, jenseits aller Organisations- und Gliederungsformen, jenseits der angebotenen Studien und etablierten Forschungsrichtungen, jenseits der gerade herrschenden Reformrhetorik, sollte als jener Ort begriffen werden, an dem die Wissenschaft in ihrer Mannigfaltigkeit, aber auch in ihrer Unabgeschlossenheit und in ihrer kontroversiellen Gestalt als die zeitgemäße Form der Weltdeutung erscheint. Genau diesen Anspruch unterläuft die normierte Universität, die »gute Wissenschaft« und »Exzellenz« an Kennzahlen ablesen möchte, und genau diesen Anspruch wollen die Unterzeichner des »Aufrufs für eine plurale Ökonomie« eingelöst wissen.

Dann gehörte zu dieser Form akademischer Bildung ein geschärftes historisches Bewusstsein. Dieses setzte die Bereitschaft voraus, einen historischen Sinn zu entwickeln für »Gewordenheiten« sowie für die Zufälligkeit und damit Offenheit dessen, was geworden ist – und dies gilt für das eigene Fach ebenso wie für die Welt, in der wir leben. Es gälte generell ein Sensorium dafür zu bekommen, dass das, was geworden ist, auch anders hätte werden können. Das schützte vor einer gewissen Hybris gegenüber den Errungenschaften der eigenen Kultur. Dazu käme die Fähigkeit, in großen Zusammenhängen und Zeitdimensionen zu denken und nicht das gegenwärtige Erleben zum Nonplusultra zu erklären und zu glauben, nur weil etwas jetzt für den letzten Schrei gehalten wird, werde es bis in alle Ewigkeit bestehen. In der Geschichte müssen wir mit anderen Zeiten rechnen als mit jenen Quartalen, mit denen wir aktuell so gerne kalkulieren. Dazu gehörte auch die Einsicht in die Vorläufigkeit und Vergänglichkeit alles Seienden. Der historische Sinn kann auch eine Übung in Bescheidenheit sein. Es ist ein Zeichen von Unbildung zu glauben, dass die Gegenwart der Vergangenheit in allen Belangen überlegen ist. Dieser Punkt muss deshalb besonders betont werden, da die historischen Kenntnisse auch bei Meinungsführern und den wirtschaftlichen Eliten in einem atemberaubenden Ausmaß verschwinden. Anstelle des historischen Sinns ist die plakative, moralisierende und höchst selektive Instrumentalisierung der Vergangenheit getreten.

Und drittens gehörte zu dieser akademischen Bildung die Entwicklung ästhetischer und moralischer Sensibilitäten – das, was man altmodisch Persönlichkeitsbildung genannt hat. Da Bildung als ein Prozess der Kultivierung begriffen werden kann, kann es nicht nur um die vielzitierten und höchst fragwürdigen Kompetenzen gehen, sondern auch darum, unser Empfindungs- und Urteilsvermögen, unsere Emotionen zu verfeinern und zu gestalten. Früher hat man in diesem Zusammenhang zum Beispiel von einem Schönheitssinn gesprochen, der ausgebildet werden muss, damit der Mensch imstande ist, überhaupt ästhetisch differenziert und damit mit Genuss wahrzunehmen. Analog dazu könnte man, wie in der englischen philosophischen Tradition, von einem moralischen Sinn, einem Sinn für Gerechtigkeit oder für soziale Proportionen sprechen, oder von einem Gespür für das, was einer Situation oder einem Menschen angemessen ist, also von dem, was man früher mit Taktgefühl beschrieben hat. Gerade dieser Sinn für das Angemessene, für Proportionen, für die richtigen Worte, für das, was dringlich, und das, was nur Ausdruck einer medialen Hysterie ist, scheint gegenwärtig ziemlich unterentwickelt zu sein.

Diese Bildung, diese Sensibilitäten, diese Fähigkeit des angemessenen Urteilens lassen sich kaum in einer didaktisierten, modularisierten und curricular durchorganisierten Form vermitteln oder erwerben. Es handelt sich auch um keine Kompetenzen, schon gar nicht geht es dabei um Bildungsstandards welcher Art auch immer. Im Gegenteil: Hier kommt es auf jene Dimensionen von Bildungsprozessen an, bei denen Individualität, Zufälle, Erlebnisse, Erfahrungen und Begegnungen eine entscheidende Rolle spielen können. Nur deshalb ist eine Gemeinschaft von Lehrenden und Lernenden auch weiterhin sinnvoll und notwendig! Auch und gerade an Universitäten geht es darum, dass Lehrer und Professoren eine Haltung, einen Habitus, einen Gestus zeigen, der oft größere Wirkung hat und mehr vermittelt als die eine oder andere PowerPoint-Präsentation.

Eine Universität als Ort der Wirklichkeit, als Stätte der Begegnung, als Erfahrungsraum von Wissenschaft als Haltung, als Rahmen für die Möglichkeit individueller Bildung, hätte nur dann eine Chance, wenn sie gezielt und bewusst auf das setzt, was die virtuelle Welt und die Welt der künstlichen Wettbewerbe nicht bieten können. Sie müsste, im besten Sinne des Wortes, zu einem säkularen Kloster werden, in dem nicht Informationen abgerufen, sondern Texte gelesen, in dem nicht Meinungen kundgetan, sondern Diskurse und Auseinandersetzungen gepflegt werden, in dem es um Begegnung zwischen Professoren und Studenten im Humboldtschen Sinn als wechselseitiges Geben und Nehmen und nicht um eine lästige Lehrverpflichtung geht, in dem der Lehrer und damit die Lehre wieder einen unmittelbaren, das heißt sinnlichen Sinn bekommt und nicht zu einer weltweit übertragbaren PowerPoint-Performance degradiert wird. In diesem Sinn wäre eine Renaissance der Universität, ihre Wiedergeburt aus dem Geist eines wissenschaftlichen Humanismus eine unabdingbare Forderung. Studieren könnte in dieser Perspektive auch heißen, sich radikalen intellektuellen asketischen Übungen zu unterziehen, der Informationsflut, dem Druck der sozialen Netzwerke und der Illusion der allgemeinen Zugänglichkeit des Wissens durch eine gezielte und methodisch argumentierte Enthaltsamkeit zu begegnen.

Universitäten wären als Orte der Theorie, als Inseln des Geistes im Getriebe einer aus allen Fugen geratenen Welt zu reetablieren, Inseln, auf denen die Studenten die Chance hätten, sich für einige Jahre in größtmöglicher Freiheit nicht einem äußeren Druck, sondern ausschließlich der inneren und äußeren Disziplin einer Wissenschaft zu unterwerfen. An solch einer Universität wäre vielleicht noch etwas von jener Konzentration, Kraft und Kontemplation zu spüren, wie sie jede geistige Arbeit, die sich nicht aus Dummheit oder Faulheit den Kriterien industrieller Produktionsformen unterwirft, kennzeichnen müsste. An einer solchen Universität, beträte man sie, würde man aufatmen, neugierig werden, Lust auf Wissen, auf Bildung, auf Erkenntnis bekommen. Eine solche Universität würde zu ihren europäischen Wurzeln zurückkehren und sich einem Zeitgeist verwehren, der glaubt, ohne Geist auskommen zu können. Erst von einer solchen Universität wären dann jene Reflexionen, jene kritischen Impulse, jene streitbaren Debatten zu erwarten, die sie wieder zu Brennpunkten der intellektuellen und damit gesellschaftspolitischen Auseinandersetzung machten und nicht zum Agenten und Erfüllungsgehilfen ökonomischer und bürokratischer Interessen degradierten. Erst eine solche Universität dürfte sich wieder Universität nennen. Von ihr ist bis auf Weiteres nichts zu sehen. *In der Universität, wie sie sich nach Bologna präsentiert, zeigt sich die Praxis der Unbildung in ihrer korrumpierten Gestalt.*

Dabei wäre alles ganz einfach: Sollen Universitäten auch weiterhin – im Gegensatz zu Schulen auf der einen Seite und reinen, oft interessengebundenen Forschungseinrichtungen auf der anderen Seite – durch die Freiheit und Einheit von Forschung und Lehre gekennzeichnet sein, sollen Universitäten nicht nur für einen Beruf qualifizieren, sondern sich dem Anspruch auf Bildung durch Wissenschaft auch weiterhin verpflichtet fühlen, müssten einfach einige Trends und Entwicklungen der letzten Jahre gestoppt und in eine andere Richtung gelenkt werden. Da uns Reformen so leicht von der Hand gehen, kann es bei der Rücknahme von Reformen ja nicht so schwer sein. Der interne Kontrolldruck müsste gelockert, die Fetischisierung von Rankings, Drittmittelforschung und quantifizierenden Messverfahren eingebremst, und die Studienpläne müssten so umgestaltet werden, dass die Freiheit im Studium und in der Lehre nicht nur eine Phrase, sondern eine erlebbare Wirklichkeit wird, die sich nicht zuletzt durch jenes Risiko auszeichnet, das der Preis jeder Freiheit ist.

Man muss nicht alles planen, kontrollieren und evaluieren, die wirklichen Ergebnisse wissenschaftlicher Forschung und Lehre werden nie vollständig prognostizierbar oder in Kennziffern erfassbar sein, und das ist gut so. Forschungsprojekte, deren Resultate schon im Projektantrag festgeschrieben werden, sind genauso problematisch wie genormte Lehrveranstaltungen, über die alles vorher bekannt ist. Wissenschaft lebt in Lehre und Forschung von der Neugier, und Neugier kann sich nur dort entwickeln und bewähren, wo mit dem Unerwarteten, dem nicht Planbaren, dem Offenen und Überraschenden gerechnet und gearbeitet werden kann. Die Entwicklung der neuzeitlichen Wissenschaft hat zur Genüge gezeigt, dass die Freiheit auch dann, wenn sie von dem einen oder anderen missbraucht werden kann, unter dem Strich mehr kreatives Potential entfaltet als jede noch so gut gemeinte Vorgaben-, Richtlinien-, Effizienzsteigerungs- und Evaluierungspolitik.

11. DIE TRÄNEN DER MUSE

Über die Schönheit des Nutzlosen

Es ist gespenstisch: Jugendliche, die heute im Gymnasium den Geschichtsunterricht besuchen, weisen am Ende eine nahezu endlose Liste von Kompetenzen auf, die sie im Laufe dieses Unterrichts erworben haben. Sie können feststellen, bezeichnen, skizzieren, schildern, aufzeigen, wiedergeben, aufzählen, zusammenfassen, lokalisieren, darlegen, definieren, untersuchen, begründen, nachweisen, charakterisieren, einordnen, erläutern, gegenüberstellen, widerlegen, herausarbeiten, gliedern, übertragen, anwenden, darstellen, Stellung nehmen, entwerfen, entwickeln, diskutieren, (über)prüfen, gestalten, formulieren, verfassen, kritisieren.[1] Klio, die Muse der Geschichtsschreibung, konnte nur eines: erzählen. Diese Fähigkeit kommt im umfangreichen Kompetenzkatalog für das Fach Geschichte nicht mehr vor. Und dies aus gutem Grund: Erzählen gilt lediglich als »reproduktiver Akt«, der keinen besonderen Mehrwert für die Entwicklung »historischer Kompetenzen« – was immer das bedeutet – aufweist. Mit anderen Worten: Klio, die Muse, hätte bei einer rezenten Reifeprüfung keine Chance. Über Kompetenzniveau I käme sie nicht hinaus, und das ist zu wenig. Ihr blieben nur die Tränen.

Auch den anderen Töchtern der Mnemosyne, also der Erinnerung, ginge es unter den aktuellen Bildungsbedingungen nicht besonders gut. Denn die Tragödie (Melpomene) spielt hier ebenso wenig eine Rolle wie der Tanz (Terpsichore), die Komödie (Thalia) ist zur Spaßkultur verkommen, die Lyrik

(Euterpe) wird als exzentrisch oder als Schikane empfunden, die Liebesdichtung (Erato) mag in der Popkultur zwar Triumphe feiern, die Oden der Sappho gelten jedoch nicht als besonders zeitgemäß, das Besingen und Rühmen (Polyhymnia) ist höchst verdächtig, selbst die Redekunst, die Wissenschaft und die Philosophie (Kalliope) werden nur geduldet, wenn sie einen Beitrag zur Kompetenzorientierung für den Alltag liefern können; bleibt der ehrfurchtsvolle Blick empor zum bestirnten Himmel (Urania), aber dieser erschüttert uns nicht mehr – wie noch Immanuel Kant –, sondern wichtiger als die Sterne sind für uns die Satelliten, die unsere Handy-Ortung steuern.

Natürlich gibt es viele Bildungseinrichtungen, die sich um die Pflege der sogenannten musischen Fächer in einer verdienstvollen Weise kümmern. Aber dies geschieht zunehmend im Rahmen von Zusatzangeboten und Privatinitiativen. Das Damoklesschwert der knappen Kassen und der damit verbundenen Stundenkürzungen oder überhaupt Streichungen hängt ständig über diesen Fächern und Bildungsgängen. Dass die Pisa-Ergebnisse nicht nur von der Bildungspolitik als verbindlicher Befund über die Leistungsfähigkeit eines Bildungssystems aufgefasst werden, obwohl nur eine verkürzte Lesekompetenz sowie mathematische und naturwissenschaftliche Kompetenzen getestet und die klassische literarische oder historische Bildung ebenso ausgeklammert wird wie die musische, unterstreicht die Degradierung der Musen zu gerade noch geduldeten Erscheinungen am Rande des Bildungsgeschehens.

Die musischen Fächer und die entsprechenden Inhalte und Fähigkeiten kämpfen so allerorten um Aufmerksamkeit und Geld. Wenn irgendwo wieder einmal gespart werden muss, sind sie dafür sichere Kandidaten, im Ernstfall sind sie immer verzichtbar oder müssen den Platz für nützlichere Dinge räumen: Wie unsinnig, sich mit Balladen, Symphonien, Geschichten oder alten Bildern zu beschäftigen, wie unökonomisch, ohne Aussicht auf den großen kommerziellen Erfolg ein Instrument zu erlernen, da es doch so viel Nützliches zu tun gäbe: Wirtschaftsunterricht, noch mehr Informatik, Konsumkunde, eine weitere Fremdsprache oder Tipps zur richtigen Ernährung. Keine Frage: Die Musen haben einen Feind, dem sie nicht gewachsen sind – das Nützliche.

Wie aber verteidigt man die Musen gegen die Zumutungen universeller Nützlichkeitserwartungen? Es liegt nahe, sich diesen Zumutungen zu beugen und darauf zu verweisen, dass das vermeintlich Nutzlose so nutzlos nicht sei. Einer der ambitioniertesten Versuche dieser Art stammt von der amerikanischen Philosophin Martha C. Nussbaum.[2]

Traut man ihren Diagnosen, werden die Bildungssysteme nicht nur in Europa oder den USA, sondern in einem globalen Maßstab von einer Krise geschüttelt, die sich für die weitere Entwicklung der modernen Gesellschaft als höchst nachteilig erweisen könnte. Die Krise, die Nussbaum beschreibt, hat allerdings wenig mit dem zu tun, was die aktuelle Krisenrhetorik hierzulande charakterisiert. Weder geht es um Studienabschlussquoten noch um Exzellenz und Elite, es geht auch nicht um die ungestillten Bedürfnisse der Wirtschaft nach qualifizierten Technikern oder um schlechtes Abschneiden bei diversen Tests und Rankings; schon gar nicht wird die Angst beschworen, man könnte im globalen Wettbewerb irgendeinen Anschluss versäumen. Es geht, und das mag vorab verblüffen, um das Verschwinden der *Humanities*, also der geisteswissenschaftlichen und musischen Fächer, aus den universitären Curricula, um die einseitige Orientierung der Studien an den Zielen wirtschaftlicher Verwertbarkeit, um ein Konzept von Bildung, das im Wesentlichen eine berufsorientierte Ausbildung mit den Schwerpunkten Naturwissenschaft, Technik und

Ökonomie anvisiert. All das, so Nussbaum, stelle nicht nur einen bedauerlichen Verlust für individuelle Bildungsmöglichkeiten, sondern vor allem eine essentielle Gefahr für die Demokratie dar.

Das Handeln und Denken der Gegenwart orientiert sich an einem einzigen Parameter: dem Wirtschaftswachstum. Daran wird nicht nur der Erfolg von Gesellschaften gemessen, danach richten sich auch die Investitionen im Bildungsbereich. Folgte man dieser Logik, genügte es allerdings, so Nussbaum, den Menschen das Lesen und Rechnen sowie einige Kompetenzen im Umgang mit Computern und modernen Technologien beizubringen und den Rest einer schmalen Wissenschaftselite zu überlassen. Das Wirtschaftswachstum beschreibt allerdings nur einen Aspekt der gesellschaftlichen Entwicklung. Andere Dimensionen werden davon weder erfasst, noch folgen sie gleichsam naturwüchsig aus der ökonomischen Prosperität: Gesundheit, Glücksfähigkeit, Gerechtigkeitschancen, Ausweitung demokratischer Rechte, Möglichkeiten der Partizipation und Verantwortung, Gleichberechtigung von Individuen, Ethnien, Religionen, Minderheiten. Wer an solchen Zielvorstellungen festhalten will, muss sich vom Konzept der Gewinnmaximierung als einzigem Kriterium des Handelns verabschieden.

Nussbaum rekurriert auf einen Begriff des »guten Lebens«, zu dem es wesentlich gehört, dass Menschen in die Lage versetzt werden, ihre Chancen auf ein glückliches und freies Leben in einer Gemeinschaft von Gleichen wahrzunehmen. Um dies zu können, bedarf es der Vermittlung und Schulung einiger Fähigkeiten, die für Nussbaum zum Kerncurriculum jedes avancierten Bildungsprogramms gehören sollten. Dazu zählen die Fähigkeit zur Reflexion und Selbstreflexion, die Fähigkeit, andere Menschen trotz aller ethnischen, religiösen, kulturellen und geschlechtsspezifischen Unterschiede als Personen mit gleichen Rechten und Bedürfnissen wahrzunehmen, die Fähigkeit, sich in die Lage und Situation anderer Menschen zu versetzen, die Fähigkeit, über Probleme der Kindheit und des Erwachsenwerdens, über Liebe, Krankheit, Armut und Tod denken und sprechen zu können, die Fähigkeit zur politischen Urteilskraft sowie die Fähigkeit, sich und die Nation, der man sich zugehörig fühlt, als Teil eines größeren Ganzen, letztlich einer Weltgesellschaft zu betrachten.

Eine in diesem Sinn verstandene gedeihliche Entwicklung einer Gesellschaft hat nach Nussbaum eine demokratische Verfassung zur Voraussetzung, die selbst wiederum vielfältig gebildeter und kritikfähiger Menschen bedarf. Wie aber erzieht man zur Demokratie? Nussbaum geht weit in die Entwicklungsgeschichte des Individuums zurück. Neugeborene, so ihre etwas einfach gestrickte These, sind hilflose Egoisten und beginnen sich bald dieser Hilflosigkeit zu schämen. Daraus entsteht der Wunsch, sich die Welt gefügig zu machen – zuerst die Eltern, dann alle anderen. Nur eine Erziehung, der es gelingt, diese Scham zu neutralisieren und den jungen Menschen dazu bringt, sich seiner Bedürftigkeit, Endlichkeit und Begrenztheit bewusst zu werden, kann die Voraussetzung dafür schaffen, dass auch der Andere in dieser Weise gesehen und respektiert werden kann. Für die Entwicklung dieser Fähigkeiten aber – und dies ist der Punkt – ist die Auseinandersetzung mit Kunst und Literatur entscheidend. In der Imagination, in der Phantasie, im Rollenspiel sieht Nussbaum jene Strategien, die dem Menschen die Möglichkeit geben, sich in ganz andere Gefühlslagen zu versetzen, aber auch seine eigene Situation vielfältig und kreativ auszudrücken. Deshalb ist für sie nicht nur die passive Kenntnis der Kunst- oder Literaturgeschichte so wichtig, sondern vor allem der Erwerb expressiver und kreativer Fähigkeiten: Schreiben, Singen, Tanzen und Theater-spielen.

Liefert Martha Nussbaum damit eine Antwort auf die mit-unter besorgt, mitunter zynisch gestellte Frage, wozu die hu-manistischen Fächer in einer technik- und wirtschaftsorien-tierten Welt überhaupt noch gut seien? Ja. Aber Nussbaum argumentiert in Hinblick auf eine bestimmte gesellschafts-politische Vorstellung, die aus Eigeninteresse auf die human-wissenschaftliche Forschung ebenso wenig verzichten soll wie auf deren Vermittlung. Sie kann die Sinnhaftigkeit der Geis-tes- und Kulturwissenschaften sowie der musischen Fächer nur behaupten, indem sie deren »Nützlichkeit« für die politische Erziehung unterstreicht, sich also jenem Kriterium unterwirft, das sie bekämpft. Die Human- und Geisteswissenschaften sind aber immer dann besonders schwach und gefährdet, »wenn sie versuchen, die eigene Bedeutung im Sinne von Nützlichkeit und schneller Verwertbarkeit umzudeuten«[3].

Nussbaums Argumentation mag sympathisch sein, und die vielen Beispiele von Jugendlichen unterschiedlicher Begabung, Herkunft und sozialer Lage, die durch gemeinsames Musizie-ren und Singen zueinander finden, sind rührend, manchmal auch an der Grenze zum pädagogischen Kitsch, sie haben aber auch einen funktional eingeschränkten Begriff von Bildung zur Voraussetzung.

Denn wie in Platons *Staat* muss auch Martha Nussbaum gut überlegen, welche Literatur, welche Erzählungen, welche Theaterstücke, welche Art von Musik zur Erfüllung dieser Ziele überhaupt taugen. »Man muss also die im Unterricht einge-setzten künstlerischen Werke sorgfältig aussuchen.«[4] Keine Zensur, gewiss nicht, aber eine Auswahl nach den Gesichts-punkten einer bestimmten politischen Position. Diese mag man zwar für richtig halten, aber womöglich betrügt man die sorgsam bevormundeten Kinder und Jugendlichen genau um das, was ihnen die Musen jenseits politisch korrekter Besorgnis auch sonst noch zu bieten hätten. »Singe den Zorn, o Göttin, des Peleiaden Achilleus.« Der Musenanruf, mit dem Homers *Ilias* und damit die abendländische Literatur anhebt, beschwört den grimmigen, zerstörerischen, unerbittlichen Zorn des Helden, der als Leitmotiv das Epos durchzieht. Zorn, so Peter Sloterdijk, ist deshalb auch »Europas erstes Wort«.[5] Fraglich natürlich, ob wir mit Homers Welt und ihren aggressiven Affekten, mit dieser »Gewaltverherrlichung« im Wortsinn[6] noch etwas anfangen können – aber diese Verherrlichung der Gewalt war das Geschäft der Muse. Wer etwas von der ursprünglichen Idee des Musischen retten wollte, müsste sich genau solchen Leseerfahrungen mit offenem Ausgang stellen.

Damit aber rührt man an ein Problem, das als einer der ersten Friedrich Nietzsche scharfsinnig und scharfzüngig diagnostiziert hatte: Dass nur die Orientierung am Nützlichen, nicht die am Musischen die Universalisierung des Bildungsanspruches erlaubte – und zwar als Ausbildung! Es sind die Bedürfnisse der Märkte, die Menschen mit unterschiedlichen Kompetenzen auf mehreren möglichen Niveaus erfordern: »Ich glaube bemerkt zu haben, von welcher Seite aus der Ruf nach möglichster Erweiterung und Ausbreitung der Bildung am deutlichsten erschallt. Diese Erweiterung gehört unter die beliebten national-ökonomischen Dogmen der Gegenwart. Möglichst viel Erkenntnis und Bildung – daher möglichst viel Produktion und Bedürfnis – daher möglichst viel Glück – so lautet etwa die Formel. Hier haben wir den Nutzen als Ziel und Zweck der Bildung, noch genauer den Erwerb, den möglichst großen Geldgewinn. Die Bildung würde ungefähr von dieser Richtung aus definiert werden als die Einsicht, mit der man sich ›auf der Höhe seiner Zeit‹ hält, mit der man alle Wege kennt, auf denen am leichtesten Geld gemacht wird, mit der man alle Mittel beherrscht, durch die der Verkehr zwischen Menschen und Völkern geht.« Das aber bedeutet – und diese Einsicht ist klar auszusprechen: »Jede Bildung ist hier verhaßt, die einsam macht, die über Geld und Erwerb hinaus Ziele steckt, die viel Zeit verbraucht [...]. Dem Menschen wird nur so viel Kultur gestattet als im Interesse des Erwerbs ist, aber so viel wird auch von ihm gefordert.«[7]

Besser kann man die aktuelle Vorstellung von Bildung nicht beschreiben. Sofern sie für die Arbeitswelt tauglich macht, ist sie unerlässlich, wird eingefordert, zur Pflicht erklärt und gesetzlich exekutiert. Was darüber hinausgehen kann, wird beschnitten, lächerlich gemacht, verachtet, ignoriert. Bildung als eine Sache der Einsamen kommt in keinem Bildungskonzept der Gegenwart vor, auch nicht in dem von Martha Nussbaum, das immerhin die Musen gegen den Anspruch der Märkte verteidigen möchte.

Allerdings erinnert das Plädoyer von Martha Nussbaum für die *Humanities*, für die musischen und geisteswissenschaftlichen Fächer, an das Konzept der »ästhetischen Erziehung«, wie es etwa im 18. Jahrhundert von Friedrich Schiller formuliert worden war. Dass in dieser Tradition die ästhetische Erziehung zum Paradigma von Bildung schlechthin werden konnte, hatte jedoch stärkere systematische Gründe als die von Nussbaum angesprochene Erziehung zur Demokratie, auch wenn diese durchaus in diesem Konzept ihren Ort finden könnte. Warum der Umgang mit der Kunst, die Schulung der Einbildungskraft, das Spielerische und das Spiel für eine klassische Bildungstheorie zentral werden konnten, lag darin begründet, dass sich in dieser Form von ästhetischer Bildung und Erziehung – wie es Schiller formulierte – das Beste, wozu ein Mensch fähig ist, in einer sinnfälligen und unmittelbaren Form realisiert: Freiheit. Gerade weil die ästhetischen Erfahrungen und ihre Objekte nicht unter dem Diktat eines politischen, ökonomischen oder moralischen Nutzens stehen, konnten sie zum Modell und zum Fundament einer Menschenbildung werden, die die Entfaltung des Menschen in und zur Freiheit zum Ziel hatte. Das freie Spiel der Einbildungskraft, der Phantasie, das, was wir Kreativität nennen, wollen und erleben wir um seiner selbst willen, nicht weil es Mittel für etwas anderes ist.

Das Spiel, recht verstanden, wurde deshalb für Schiller zum zentralen Begriff dieser Bildungsidee. In der Anlage des Menschen, die Wirklichkeiten, in denen er lebt, spielerisch zu unterlaufen, im »Spieltrieb« entfalten sich für Schiller erst die Möglichkeiten des Menschseins. Deshalb kann er diesem Begriff die höchste Bestimmung überhaupt geben: »Der Mensch spielt nur, wo er in voller Bedeutung des Worts Mensch ist, und *er ist nur da ganz Mensch, wo er spielt.*«[8] Diesem Spieltrieb sollte auch der ästhetische Staat entsprechen, in dem der Mensch dem Menschen »nur als Gestalt erscheinen, nur als Objekt des freien Spiels gegenüberstehen« darf, dem Grundgesetz »Freiheit zu geben durch Freiheit« verpflichtet.[9]

Nun, das Spiel wird auch in der modernen Pädagogik geschätzt, spielerisches Lernen wird gerne gefordert, und der Einsatz von Spielen im Unterricht mitunter sogar mit dem Hinweis auf Schiller verteidigt: »Spielen ist toll. Das wusste Schiller.« Und das bedeutet: »Durch Spielen wird die Welt besser.« Und warum? »Gaming generiert wöchentlich drei Milliarden Dollar.« Alles klar? Computer- und Videospiele – denn um diese handelt es sich hier – »fördern den kompetenten Umgang mit der Wirklichkeit«, die »Generation Gaming« ist entschlossener, »Probleme – welcher Art auch immer – zu lösen«, denn diese Spiele lehren, »dass es immer eine bestimmte Kombination von Zügen gibt, die letztlich zum Erfolg führt«.[10] Das Spiel, mittlerweile weit entfernt von dem, was Schiller intendierte, wird zu einem Faktor, der zwei Dimensionen des Zeitgeistes wunderbar zu vereinen scheint: Es macht Spaß, und es fördert die Problemlösungskompetenz, was sich irgendwann einmal für alle Beteiligten in ökonomischen Erfolg ummünzen lässt. Dass das Resultat von Computer- und Videospielen »zunehmende Gewaltbereitschaft, Abstumpfung gegenüber realer Gewalt, soziale Vereinsamung und eine geringere Chance auf Bildung« sein könnte,[11] sollte gegen eine inflationäre Verwendung des Spielbegriffs, die eher Märkte denn die Musen im Blick hat, einigermaßen vorsichtig stimmen.

Das Lesen, auch Schreiben und Einstudieren eines Theaterstücks ist etwas anderes als das wie auch immer geschickte Navigieren und Agieren auf einem virtuellen Schlachtfeld, das Erlernen und Spielen eines Instruments etwas anderes als das hingebungsvolle Betrachten von Musik-Videos aller Art, deren faszinierende Ästhetik im Einzelfall gar nicht bestritten werden soll. Aber unser ästhetischer Sinn und damit unser Einfühlungsvermögen und unsere Kreativität differenziert sich aus, indem wir versuchen, so viel wie möglich von dem sinnlich zu ergreifen, was uns umgibt und was uns in der Geschichte überliefert worden ist. »Mannigfaltigkeit der Situationen« ist nach Wilhelm von Humboldt neben der Freiheit die wichtigste Voraussetzung für jede Bildung.[12] Und genau diese Mannigfaltigkeit wird durch die Eindimensionalität der digitalen Welt empfindlich eingeschränkt.

Es gibt auch andere Faktoren, die den Musen nicht hold sind. Dort, wo es etwa um die Beherrschung einer künstlerischen Technik oder eines Musikinstruments geht, erfordert dies etwas, das in unserer pädagogischen Kultur der Gegenwart schlecht beleumundet ist: Selbstdisziplin und Übung. In einer Zeit, in der die unmittelbare Bedürfnisbefriedigung zu einem

Ideal auch der Pädagogik geworden ist, haben diese Begriffe keine Bedeutung mehr. Die Einsicht von Sigmund Freud, dass Schönheit eine Erfahrung ist, die sich der Fähigkeit verdankt, eine unmittelbare Bedürfnisbefriedigung aufzuschieben und auszusetzen, ist längst vergessen.

Ähnlich verhält es sich mit dem Üben. Peter Sloterdijk hat den Menschen als Bewohner eines »Planeten der Übenden« beschrieben.[13] Man könnte die klassischen Bildungseinrichtungen, angefangen von den antiken Akademien über die mittelalterlichen Klöster bis zu den Schulen der Neuhumanisten des 18. und 19. Jahrhunderts, im Wesentlichen als Übungsanstalten verstehen. Das Üben hat gegenwärtig allerdings einen schlechten Leumund und eine schlechte Presse. Das Nachahmen, das Wiederholen, das Immer-wieder-Versuchen, das Etwas-Aufsaugen wird nur noch negativ gesehen. Lernen durch Innovation ist angesagt, das Lernen durch Imitation wird als gestrig und ineffektiv denunziert. Heute kommen – überspitzt formuliert – schon Säuglinge als umfassend kompetente Menschen auf die Welt und sie sind sofort kreativ und innovativ, wie uns eine nur vordergründig kinderfreundliche Pädagogik weismachen will. In Wirklichkeit werden Kinder und junge Menschen, denen man eine Bildung zubilligt, die sie nicht haben, um jene Bildung betrogen, die sie erwerben könnten.

Ästhetische Bildung im klassischen Sinn hat aber vor allem mit der Herausbildung der Urteilskraft zu tun. Und Urteilen heißt immer, Analogien und Differenzen, Veränderungen und Konstanten wahrnehmen können. Solches kann nur gelingen, wenn die dafür notwendige Kontemplation, Konzentration und Muße gegeben ist. Konzentration und Muße sind aber keine besonderen Werte in einer pädagogischen Welt, die von Hektik, Kurzatmigkeit und Störungen aller Art gekennzeichnet ist. Längst haben wir vergessen, dass die Auseinandersetzung, das Kennenlernen und Sich-Aneignen der Dokumente des »objektiven Geistes«, wie Hegel dies nannte, also der Ergebnisse von Wissenschaft, Kunst und Religion, einmal den zentralen Bestandteil und das Fundament von Bildung ausmachten, was erst den freien, kreativen und innovativen Umgang damit ermöglichte.

Gegenwärtig haben wir die gegenteilige Tendenz zu verzeichnen. Die mittlerweile als fortschrittlich geltende Position, dass keine ästhetischen Wertungen mehr getroffen werden dürfen, weil alle Äußerungsformen gleich gültig sind und jeder Versuch, ästhetische Qualitäten zu unterscheiden, eine Exklusion oder eine Diskriminierung bedeute, macht es zunehmend schwer, überhaupt noch einen Sinn für die Eigenart des Ästhetischen zu entwickeln. Alles kann gleichermaßen zum Anlass und Auslöser kompetenzorientierter Unterrichtssequenzen werden, nichts davon darf einen Wert an sich beanspruchen. Das bedeutet, scharf gesprochen, dass man junge Menschen systematisch daran hindert, einen Sinn für das Schöne zu entwickeln.

Einen Sinn für das Schöne? Ja, darum wäre es gegangen – auch und gerade dort, wo man mit Schiller das Spiel als Erscheinungsform der Freiheit auffassen möchte. Denn: »Der Mensch soll mit der Schönheit nur *spielen* und er soll *nur mit der Schönheit* spielen.«[14] Das wird von den modernen Spielpädagogen gerne vergessen: Der Gegenstand des Spiels ist nicht gleichgültig. Es ist das Schöne, das bei Schiller nicht nur als Gegenstand der Anschauung, sondern auch als Modell für eine spielerische Neuorganisation der Wirklichkeit in Freiheit verteidigt wird. Der Mensch, so formulierte es ausgerechnet Karl Marx, ist das einzige Wesen, das allen Dingen ihr »inhärentes Maß« anzulegen weiß, das also auch nach den »Gesetzen der Schönheit« wahrnehmen und produzieren kann.[15] Das aber bedeutet, dass nur das Schöne – und nichts sonst – den Eigenwert der Dinge sinnfällig zur Erscheinung bringen kann.

Nähme man im Rahmen eines Bildungskonzepts die Verlockungen und Angebote der Musen ernst, ginge es letztlich um die radikale Absage an die Idee des Nutzens schlechthin. Die klassische Ästhetik hatte davon noch eine Vorstellung. In dem bedeutenden Aufsatz *Über die bildende Nachahmung des Schönen* aus dem Jahre 1788 hatte der heute fast vergessene Karl Philipp Moritz geschrieben: »Wir können also das Schöne im allgemeinen auf keine andre Weise erkennen als insofern wir es dem Nützlichen entgegenstellen und es davon so scharf wie möglich unterscheiden. Eine Sache wird nämlich dadurch noch nicht schön, dass sie nicht nützlich ist, sondern dadurch, dass sie nicht nützlich zu sein *braucht*.«[16] Das heißt nun nicht, dass das Schöne nicht auch nützlich sein kann; das heißt auch nicht, dass das Nützliche nicht auch schön sein kann. Das heißt nur, dass zwischen Schönheit und Nützlichkeit, dass zwischen dem Ästhetischen in seinem Eigensinn und der Welt der ökonomischen Zwecke und politischen Ziele keine wie immer geartete konditionale Beziehung und daraus abgeleitete Konsequenzen gedacht werden können.

Fassen wir das Schöne als zentrale Kategorie der musischen Fächer, als den eigentlichen Gegenstand der Beschäftigung und Auseinandersetzung mit ästhetischen Arbeiten und Praktiken, und unterstellen wir einmal, dass es in den musischen Fächern in letzter Instanz um das gehen sollte, was einmal »ästhetische Erziehung« genannt wurde, dann wird klar, dass alle Versuche, das Schöne selbst dem Kriterium des Nutzens zu unterwerfen, dieses und die Empfänglichkeit dafür zerstören müssen. Denn: »Das Schöne will ebensowohl bloß um seiner selbst willen betrachtet und empfunden als hervorgebracht sein.«[17] Die Provokation eines modernen Bildungskonzepts, das über Nützlichkeitserwartungen welcher Art auch immer hinausginge, läge im Insistieren auf diesem »Um seiner selbst willen« – und dies beträfe nicht nur die Kunst im engeren Sinn oder die Inhalte der musischen Fächer, sondern auch die Idee des damit verbundenen Wissens und Könnens. Jede Beschäftigung mit dem Schönen trüge so ihren Sinn in sich, müsste sich nicht nach ihrem Nutzen für was auch immer befragen lassen.

Die gegenwärtige Praxis der Unbildung aber fragt immer nach dem Nutzen, für den Einzelnen, für die Wirtschaft, für die Gesellschaft. In bestimmten Bereichen ist dies legitim, und man wird keinem Bildungssystem einen Vorwurf machen können, wenn es diesen Nutzen im Auge behält. Reduziert man Bildung aber auf das Nützliche, lässt man nur noch das gelten, das sich auch anwenden lässt, sieht man alles nur noch unter der Perspektive der Verwertbarkeit, geht jede Chance verloren, jungen Menschen in Schulen und Universitäten die Möglichkeit zu geben, sich einer Sache um ihrer selbst willen zu nähern, sich von einem Gegenstand faszinieren zu lassen, einer Frage neugierig auch dann zu folgen, wenn die Antwort ausbleibt oder keine Bedeutung für die Karriere hat. Nützlichkeit bedeutet immer: Sein für ein Anderes. Es verwehrt uns jedes Für-sich-Sein. Damit nimmt man jungen Menschen nicht nur die Chance, sich der Erfahrung des Schönen hingeben, sondern auch die Möglichkeit, sich und andere in ihrem Eigenwert wahrnehmen zu können.

Dass eine Gesellschaft, die alles unter dem Aspekt der unmittelbaren Brauchbarkeit, Anwendbarkeit und Nützlichkeit sieht, in einem ökonomischen Sinn erfolgreich sein kann, muss gar nicht bezweifelt werden; dass eine solche Gesellschaft, die die Muße und die Musen nicht mehr kennt, die das Schöne nur mehr unter dem Aspekt der Umwegrentabilität und die Wahrheit nur mehr als Standortvorteil ins Auge fassen kann, eine arme Gesellschaft sein wird, scheint ebenso gewiss. Das Zurückdrängen jeder Form von musischer Bildung und Erziehung in unseren öffentlichen Bildungseinrichtungen hat offenbar damit zu tun, dass wir Probleme mit Freiheitspotentialen haben, dass wir prinzipiell Schwierigkeiten damit haben, uns und unseren Kindern die Zeit und die Möglichkeit zu geben, Dinge um ihrer selbst willen wahrzunehmen und zu beachten. Gegenwärtig hat nur Wert, was materiell unmittelbar verwertbar ist, und den Musen geben wir nur eine Chance, wenn sie wenigstens irgendeine Form von Dienstbarkeit unter Beweis stellen können. Die Töchter der Mnemosyne aber sind keine Sklavinnen. *In der konsequenten Ausrichtung auf gesellschaftlichen und ökonomischen Nutzen zeigt sich die Praxis der Unbildung in ihrer barbarischen Gestalt.*

Dabei wäre alles ganz einfach: Der Zusammenhang zwischen Bildung und Autonomie machte immer den eigentlichen politischen Kern der neuhumanistischen Bildungsidee aus. Die Forderung, dass allen Menschen zumindest der Zugang zur Bildung möglich gemacht werden müsse, hat nicht nur den Gedanken zur Voraussetzung, dass man ohne bestimmte Kenntnisse und Fähigkeiten im Wettbewerb nicht bestehen kann; mindestens so wichtig ist, dass nur eine Bildungsidee, die daran festhält, dass etwas um seiner selbst willen geschätzt und geachtet werden kann, die Voraussetzung für eine wechselseitige Anerkennung der Menschen in Würde ist. Solch eine Haltung allein erlaubt die Erfahrung des Schönen. Ein Bildungsbegriff, der sich ganz an der Idee des Nützlichen orientiert, vergisst, dass Menschsein mehr bedeutet, als beschäftigungsfähig zu sein. Und ein Bildungsbegriff, der das Schöne instrumentalisiert, um den jungen Menschen die Orientierung in einer reizüberfluteten Welt zu erleichtern und ihnen Wettbewerbsvorteile einzuräumen, bringt eben diese Menschen um das Wunderbarste, zu dem Menschen fähig sind: die Hervorbringung und Wahrnehmung des Schönen um seiner selbst willen. Solches aber steht quer zu aller strategischen und didaktischen Funktionalisierung. Der Mut, die Großzügigkeit, die Souveränität und die Humanität einer Gesellschaft ließen sich daran ablesen, welchen Stellenwert sie den Musen in ihrer bildungspolitischen Programmatik, in den Curricula und in ihrem pädagogischen und akademischen Handeln tatsächlich noch einräumt. Die allgegenwärtige Praxis der Unbildung zeigt, dass wir feige, kleinlich, getrieben, beschränkt und unmenschlich geworden sind. Anders wäre es besser.

ANMERKUNGEN

1. PISA, PANIK UND BOLOGNA

1 http://bildung-wissen.eu/wp-content/uploads/2014/05/offener-brief-schleicher-autorisierte-fassung.pdf, abgerufen am 3. 7. 2014

2 Thomas Stern: Förderliche Leistungsbewertung, Wien 2010, S. 36

3 Silja Graupe und Jochen Krautz: Anpassung an eine Scheinwelt, in: FAZ, 6. 12. 2013, S. 7

4 Georg Picht: Die deutsche Bildungskatastrophe. Analyse und Dokumentation, Freiburg i. Br. 1964

5 Heinz Bude: Bildungspanik. Was unsere Gesellschaft spaltet, München 2011

6 Julian Nida-Rümelin: Der nächste Bildungsnotstand, in: Tanjev Schultz/Klaus Hurrelmann (Hg.): Die Akademikergesellschaft. Müssen in Zukunft alle studieren? Weinheim und Basel 2013, S. 216ff.

7 Nida-Rümelin, Bildungsnotstand, S. 217

8 Wolfgang Vogelsaenger: Mehr oder weniger Vielfalt? Begabungen und Bildungswege im deutschen Bildungssystem, in: Schultz/Hurrelmann (Hg.), Akademikergesellschaft, S. 214

9 Søren Kierkegaard: Erbauliche Reden in verschiedenem Geist, 1847, Gütersloh 1983, S. 175

10 Nur ein Beispiel: Philipp Möller: Isch geh Schulhof. Unerhörtes aus dem Alltag eines Grundschullehrers, Köln 2012

11 Wolf-Dieter Narr: Wider die öffentlich und privat verordnete Verdummung im Zeichen von »Exzellenz«, in: Ingrid Lohmann u. a. (Hg.): Schöne neue Bildung? Zur Kritik der Universität der Gegenwart, Bielefeld 2011, S. 213

12 Dieter Lenzen: Bildung statt Bologna, Berlin 2014, Kindle E-Book, Pos. 843f.

13 http://www.550gegen550.ch/, abgerufen am 5. 7. 2014

14 Marx Horkheimer: Gegenwärtige Probleme der Universität. Akademisches Studium. Begriff der Bildung. Fragen des Hochschulunterrichts, Frankfurt/Main 1953, S. 20

2. DER BILDUNGSEXPERTE

1 http://www.andreassalcher.com/ueber-andreas-salcher/, abgerufen am 19. 4. 2014

2 Zur Kritik der Bildungsexperten vgl. auch Roger von Wartburg: Im Zeitalter der Scharlatane, in: lvb inform, 2013/14-02, S. 13-27

3 Bernd Schilcher: Bildung nervt! Warum unsere Kinder den Politikern egal sind, Wien 2012, S. 199

4 Vgl. dazu Richard David Precht: Anna, die Schule und der liebe Gott. Der Verrat des Bildungssystems an unseren Kindern, München 2013, bes. S. 77ff. und S. 88ff. sowie die Kritik von Mathias Brodkorb an Precht: Mathias Brodkorb: Eine Chemotherapie für die Schule?, in: Profil – Das Magazin für Gymnasium und Gesellschaft 6/2013, S. 22

5 Gerald Hüther/Uli Hauser: Jedes Kind ist hoch begabt. Die angeborenen Talente unserer Kinder und was wir aus ihnen machen, München 2012, S. 39

6 Hüther/Hauser, Jedes Kind ist hoch begabt, S. 86

7 Hüther/Hauser, Jedes Kind ist hoch begabt, S. 21

8 Hüther/Hauser, Jedes Kind ist hoch begabt, S. 17

9 Precht, Anna, die Schule und der liebe Gott, S. 109f.

10 Andreas Salcher: Der talentierte Schüler und seine Feinde, Salzburg 2008, Kindle E-Book, Pos. 64

11 Peter Fratton: Lass mir die Welt, verschule sie nicht. Warum Leben und Lernen unzertrennlich sind, Weinheim und Basel 2014, Kindle E-Book, Pos. 1559

12 Andreas Reckwitz: Die Erfindung der Kreativität. Zum Prozess gesellschaftlicher Ästhetisierung, Berlin 2012, Kindle E-Book, Pos. 44

13 Immanuel Kant: Kritik der Urteilskraft, Frankfurt/Main 1975, S. 255

14 Schilcher, Bildung nervt, S. 141

15 Bernd Ahrbeck: Inklusion – Eine Kritik, Stuttgart 2014, S. 28

16 Vgl. dazu Andreas Kuhlmann: An den Grenzen unserer Lebensform.

Texte zur Bioethik und Anthropologie, Frankfurt/Main 2011, bes. S. 37ff.

17 Markus Hengstschläger: Die Durchschnittsfalle. Gene – Talente – Chancen, Salzburg 2012

18 Salcher, Der talentierte Schüler, Pos. 726ff.

19 Precht, Anna, die Schule und der liebe Gott, S. 165ff.

20 Precht, Anna, die Schule und der liebe Gott, S. 174

21 Fratton, Lass mir die Welt, Pos. 1466

22 Fratton, Lass mir die Welt, Pos. 385

23 Hüther/Hauser, Jedes Kind ist hoch begabt, S. 58

24 Heinz Joachim Heydorn: Zur Aktualität der klassischen Bildung, in: H. J. H.: Bildungstheoretische Schriften, Bd. 1, Frankfurt/Main 1980, S. 308

25 Fratton, Lass mir die Welt, Pos. 984ff.

26 Roland Reichenbach: Für die Schule lernen wir. Plädoyer für eine gewöhnliche Institution, Seelze 2013, S. 130

27 Vgl. dazu die Titelgeschichte »So schadet Schule unseren Kindern« im österreichischen Wirtschaftsmagazin *Format* vom 26. 6. 2014, die blauäugig alle diese Klischees reproduziert: http://www.format.at/articles/1426/581/376277/so-schule-karriere-kinder, abgerufen am 9. 7. 2014

3. KOMPETENTER UNGEIST

1 Andreas Gelhard: Kritik der Kompetenz, Zürich 2011, S. 26f.

2 Gelhard, Kritik der Kompetenz, S. 63

3 Heinrich Roth: Pädagogische Anthropologie, Bd. 2, Hannover 1971, S. 180

4 Franz E. Weinert (Hg.): Leistungsmessung in Schulen, Weinheim und Basel 2001, S. 27f.

5 Deutschschweizer Erziehungsdirektoren-Konferenz: Lehrplan 21, Fachbereichslehrplan Deutsch: http://konsultation.lehrplan.ch/downloads/container/30_1_1_0_0_1.pdf, abgerufen am 5. 7. 2014

6 Elmar Drieschner: Bildungsstandards praktisch. Perspektiven kompetenzorientierten Lehrens und Lernens, Wiesbaden 2009, Kindle E-Book, Pos. 919

7 Tomas Kubelik: Genug gegendert. Eine Kritik der feministischen Sprache, Halle 2013

8 Bundesministerium für Unterricht, Kunst und Kultur (seit 2014: BM für Bildung und Frauen): Die kompetenzorientierte Reifeprüfung aus Psychologie und Philosophie, 12/2011, S. 14

9 Anita Rösch: Kompetenzorientierung im Philosophie- und Ethikunterricht, Berlin 2011, S. 157

10 Kurt Flasch: Kampfplätze der Philosophie. Große Kontroversen von Augustin bis Voltaire, Frankfurt/Main 2008

11 Rösch, Kompetenzorientierung, S. 219f.

12 Peter Gaitsch: Bildung ist kein Wunschkonzert. Verstehen als Geschehen, in: Die Presse, 9.7.2012: http://diepresse.com/home/meinung/gastkommentar/1263340/Bildung-ist-kein-Wunschkonzert_Verstehen-als-Geschehen, abgerufen am 24.4.2014

13 Kant, Kritik der Urteilskraft, S. 242

14 Georg Wilhelm Friedrich Hegel: Werke in zwanzig Bänden, Bd. 4, Frankfurt/Main 1970, S. 319

15 Wolfgang Nieke: Kompetenz und Kultur. Beiträge zur Orientierung in der Moderne, Wiesbaden 2012, S. 57

16 Nieke, Kompetenz und Kultur, S. 66

17 Nadja-Verena Paetz/Firat Ceylan/Janina Fiehn/Silke Schworm/Christian Harteis: Kompetenz in der Hochschuldidaktik. Ergebnisse einer Delphi-Studie über die Zukunft der Hochschullehre, Wiesbaden 2011, Kindle E-Book, Pos. 731f.

18 Kompetenz in der Hochschuldidaktik, Pos. 889

19 Odo Marquard: Inkompetenzkompensationskompetenz? Über Kompetenz und Inkompetenz in der Philosophie, in: O.M.: Abschied vom Prinzipiellen. Philosophische Studien, Stuttgart 1981, S. 24

4. FÄCHERDÄMMERUNG

1 Stefan Kühl: Die Mikro-Master, in: FAZ, 6.11.2013: http://www.faz.net/aktuell/beruf-chance/campus/master-studiengaenge-winzige-mogelpackungen-12648524.html, abgerufen am 25.4.2014

2 Roger Cooter: Preisgabe der Demokratie. Wie die Geschichts- und Geisteswissenschaften von den Naturwissenschaften absorbiert

werden, in: Michael Hagner (Hg.): Wissenschaft und Demokratie, Berlin 2012, S. 98

3 Precht, Anna, die Schule und der liebe Gott, S. 286

4 Precht, Anna, die Schule und der liebe Gott, S. 249

5 Georg Wilhelm Friedrich Hegel: Über den Vortrag der Philosophie auf Gymnasien. Privatgutachten für den Königlich Bayrischen Oberschulrat Immanuel Niethammer vom 23. 10. 1812, in: Hegel, Werke Bd. 4, S. 413

6 Peter Bieri: Wie wäre es, gebildet zu sein, in: Heiner Hastedt (Hg.): Was ist Bildung? Eine Textanthologie, Stuttgart 2012, S. 230

7 Vgl. dazu die kritische gemeinsame Stellungnahme der Fachsektion Didaktik der Biologie im VBI, der Gesellschaft für Didaktik der Biowissenschaften und des Verbandes Biologie, Biowissenschaften & Biomedizin in Deutschland zum Fächerverbund »Naturphänomene und Technik« vom 24. 2. 2014: http://bildung-wissen.eu/wp-content/uploads/2014/02/140218_BaWue_endversion.pdf, abgerufen am 26. 4. 2014

8 Thomas Rietzschel: Die Stunde der Dilettanten. Wie wir uns verschaukeln lassen, Wien 2012

9 Bieri, Wie wäre es, gebildet zu sein, S. 229

5. POWERPOINT-KARAOKE

1 Claus Pias: Eine kurze Geschichte der Unterrichtsmaschinen, in: FAZ, 10. 12. 2013: http://www.faz.net/aktuell/feuilleton/forschung-und-lehre/automatisierung-der-lehre-eine-kurze-geschichte-der-unterrichtsmaschinen-12692010.html, abgerufen am 11. Mai 2014

2 Bettina Weiguny: Der PowerPoint-Irrsinn, in: FAZ, 17. 7. 2014: http://www.faz.net/aktuell/wirtschaft/forscher-warnen-vor-powerpoint-praesentationen-13041967.html, abgerufen am 16. 7. 2014

3 Christoph Bieber: Ist PowerPoint böse? Öffentliche Debatten um PowerPoint in Deutschland und in den USA, in: Wolfgang Coy/Claus Pias (Hg.): PowerPoint. Macht und Einfluss eines Präsentationsprogramms, Frankfurt/Main 2009, S. 125ff.

4 Coy/Pias, PowerPoint, Einleitung, S. 10

5 Friedrich Schleiermacher: Pädagogische Schriften 2, hg. von Erich Weniger, Frankfurt/Main 1984, S. 107

6 Vgl. dazu Claus Pias: »electronic overheads«. Elemente einer Vorgeschichte von PowerPoint, in: Coy/Pias, PowerPoint, S. 16ff.

6. WAS WEISS DAS NETZ?

1 Werner Michler: Zentralmatura offenbart Bankrott schulischer Fachkultur, in: *Der Standard*, 12. 5. 2014: http://derstandard.at/ 1399507259844/Zentralmatura-offenbart-Bankrott-schulischer- Fachkultur, abgerufen am 9. 7. 2014

2 Rolf Schulmeister: Vom Mythos der Digital Natives und der Net Generation, in: BiBB PWB 3/2012, S. 42ff.

3 Manfred Dworschak: Internet. Null Blog, in: *Der Spiegel*, 31/2010: http://www.spiegel.de/spiegel/a-709492-3.html

4 Dworschak, Internet

5 Philipp Riederle: Wer wir sind und was wir wollen. Ein Digital Native erklärt seine Generation, München 2013, Kindle E-Book, Pos. 1914

6 Riederle, Wer wir sind, Pos. 1931

7 Riederle, Wer wir sind, Pos. 2034

8 Riederle, Wer wir sind, Pos. 1910

9 Riederle, Wer wir sind, Pos. 1894

10 Riederle, Wer wir sind, Pos. 1947

11 Günther Anders: Pathologie de la Liberté, in: Recherches Philo- sophiques 6/1936, bes. S. 38 (unter: Günther Stern)

12 Stefan Zweig: Die Welt von Gestern. Erinnerungen eines Europäers, Frankfurt/Main 2000, S. 118

13 Theodor W. Adorno: Philosophie und Lehrer, in: Th. W. A.: Erziehung zur Mündigkeit, Frankfurt/Main 1970, S. 31

14 Dale J. Stephens: Hacking Your Education: Ditch the Lectures, Save Tens of Thousands, and Learn More Than Your Peers Ever Will, Perigee Press 2013

15 http://anti-uni.com, abgerufen am 10. 6. 2014

7. DIE ORALE PHASE ALS LEBENSPRINZIP

1 Hans Peter Klein: Elternsprechtag an der Uni, in: *Wirtschaftswoche*, 11. 5. 2014, S. 1

2 Immanuel Kant: Beantwortung der Frage: Was ist Aufklärung?, in: I. K.: Werkausgabe, Bd. XI, Frankfurt/Main 1978, S. 53

3 Günther Anders: Die Antiquiertheit des Menschen, Bd. II, München 1980, S. 254

4 Benjamin R. Barber: Consumed! Wie der Markt Kinder verführt, Erwachsene infantilisiert und die Demokratie untergräbt, München 2007, S. 48

5 Barber, Consumed, S. 137

6 Barber, Consumed, S. 174

7 Barber, Consumed, S. 22

8 Wieland Freund: Achtung, diese Bücher gefährden Ihre Gesundheit, in: *Die Welt*, 19. 5. 2014: http://www.welt.de/kultur/literarischewelt/article128187022/Achtung-diese-Buecher-gefaehrden-Ihre-Gesundheit.html, abgerufen am 5. 7. 2014

8. PHILOSOPHIE DER SCHULE

1 Roland Reichenbach: Für die Schule lernen wir. Plädoyer für eine gewöhnliche Institution, Seelze 2013, S. 39

2 Reichenbach, Für die Schule lernen wir, S. 40

3 Wilhelm von Humboldt: Der Königsberger und der Litauische Schulplan, in: W. v. H.: Werke in fünf Bänden, Bd. IV, Darmstadt 1993, S. 169

4 Peter Weibel im Gespräch über Pisa, Museen und Wikileaks, in: *Der Standard*, 10. 12. 2010: http://derstandard.at/1291454824168/Interview-mit-Peter-Weibel-Castingshows-sind-Universitaeten-fuer-Aufsteiger, abgerufen am 5. 7. 2014

5 John Hattie: Lernen sichtbar machen. Überarbeitete deutschsprachige Ausgabe von »Visible Learning« von Wolfgang Beywl und Klaus Zierer, Baltmannsweiler 2013, S. 280

6 Christine Eichel: Deutschland, deine Lehrer. Warum sich die Zukunft unserer Kinder im Klassenzimmer entscheidet, München 2014, Kindle E-Book, Pos. 5448ff.

7 Andreas Gruschka: Lehren, Stuttgart 2014, Kindle E-Book, Pos. 1324ff.

8 Peter Sloterdijk: Du mußt dein Leben ändern. Über Anthropotechnik, Frankfurt/Main 2009, S. 432

9 Friedrich Nietzsche: Ueber die Zukunft unserer Bildungsanstalten, in: F. N.: Sämtliche Werke. Kritische Studienausgabe, Bd. 1, München 1980, S. 716f.

10 Bieri, Wie wäre es, gebildet zu sein, S. 228

9. LESELUST UND LESELEID

1 Tiger mit »ie«, in: *Der Spiegel*, 48/2013: http://www.spiegel.de/spiegel/print/d-122611250.html, abgerufen am 11.7.2014

2 Hannah Bethke: Sprachnotstand an der Uni: Studenten können keine Rechtschreibung mehr, in FAZ, 27.3.2014: http://www.faz.net/aktuell/beruf-chance/campus/sprachnotstand-an-der-uni-studenten-koennen-keine-rechtschreibung-mehr-12862242-p2.html?printPaged Article=true#pageIndex_2, abgerufen am 26.5.2014

3 Burkhard Straßmann: Deutsch light, in: *Die Zeit*, 30.1.2014: http://www.zeit.de/2014/06/leichte-sprache-deutsch, abgerufen am 26.5.2014

4 Karl Marx/Friedrich Engels: Die deutsche Ideologie, MEW, Bd. 3, S. 30

5 Kinder können sich Schreiben nicht selbst beibringen. Interview mit Ute Andresen, in: FAS, 11.5.2014, S. 3

6 Evelyne Polt-Heinzl: Vom Zauber der Zeichen, in: *Die Furche*, 21.5.2014, S. 3

7 Heinrich von Kleist: Über die allmähliche Verfertigung der Gedanken beim Reden, in: H. v. K.: Sämtliche Werke und Briefe, hg. von Helmut Sembdner, Bd. III, München 1982, S. 322

8 Bildungsstandards im Fach Deutsch für die Allgemeine Hochschulreife (Beschluss der Kultusministerkonferenz vom 18.10.2012), S. 16ff.: http://www.kmk.org/fileadmin/veroeffentlichungen_

beschluesse/2012/2012_10_18-Bildungsstandards-Deutsch-Abi.pdf, abgerufen am 10. 6. 2013

9 Ernst Pöppel/Beatrice Wagner: Dummheit: Warum wir heute die einfachsten Dinge nicht mehr wissen, München 2013, S. 220

10 Roland Reuß: Die perfekte Lesemaschine. Zur Ergonomie des Buches, Göttingen 2014, S. 18

10. DIE DIKTATUR DER GESCHÄFTIGKEIT

1 http://www.isipe.net/home-de, abgerufen am 29. 6. 2014

2 Vgl. dazu Michael J. Sandel: Was man für Geld nicht kaufen kann. Die moralischen Gesetze des Marktes, Berlin 2012

3 Aristoteles: Eudemische Ethik VII, 10, 1243b, Berlin 1984, S. 88

4 Marcel Hénaff: Der Preis der Wahrheit. Gabe, Geld und Philosophie, Frankfurt/Main 2009, S. 160

5 Friedrich Nietzsche: Unzeitgemäße Betrachtungen, III. Stück: Schopenhauer als Erzieher, in: F. N., Sämtliche Werke. Kritische Studienausgabe, Bd. 1, München 1980, S. 411

6 http://de.wikipedia.org/wiki/Peter_Bieri, abgerufen am 29. 6. 2014

7 Matthias Binswanger: Sinnlose Wettbewerbe. Warum wir immer mehr Unsinn produzieren, Freiburg i. Breisgau 2010, Kindle E-Book, Pos. 1699ff.

8 Bruno S. Frey: Publishing as prostitution? – Choosing between one's own ideas and academic success, in: *Public Choice* 116/2003, S. 205ff.

9 Ahrbeck, Inklusion, S. 116ff.

10 http://www.zeit.de/2013/10/CH-Appell, abgerufen am 16. 7. 2014

11 Torsten Wilholt: Die Freiheit der Forschung. Begründungen und Begrenzungen, Berlin 2012, S. 333

12 Wilholt, Freiheit der Forschung, S. 347

13 Mario Vargas Llosa: Alles Boulevard. Wer seine Kultur verliert, verliert sich selbst, Berlin 2013, Kindle E-Book, Pos. 339

11. DIE TRÄNEN DER MUSE

1 Operatorensystem der Empfehlungen des Österreichischen Ministe-
riums für Bildung und Frauen für die Reifeprüfung Geschichte und
Sozialkunde/Politische Bildung, erstellt nach den Empfehlungen des
Kultusministeriums Baden-Württemberg (2010) und des Hessisches
Kultusministeriums (2010): http://www.bmukk.gv.at/medienpool/
21067/reifepruefung_ahs_lfgsk.pdf, abgerufen am 19. 6. 2014

2 Martha C. Nussbaum: Nicht für den Profit! Warum Demokratie
Bildung braucht, Überlingen 2012

3 Michael Hagner: Wissenschaft und Demokratie oder: Wie demo-
kratisch soll die Wissenschaft sein, in: M. H. (Hg.): Wissenschaft und
Demokratie, Berlin 2012, S. 36

4 Nussbaum, Nicht für den Profit, S. 129

5 Peter Sloterdijk: Zorn und Zeit, Frankfurt/Main 2006, S. 9

6 Sloterdijk, Zorn und Zeit, S. 11

7 Friedrich Nietzsche: Ueber die Zukunft unserer Bildungsanstalten,
KSA 1, S. 667

8 Friedrich Schiller: Über die ästhetische Erziehung des Menschen in
einer Reihe von Briefen, in: F. S.: Sämtliche Werke, München 1993,
Bd. V, S. 618

9 Schiller, Über die ästhetische Erziehung des Menschen, S. 667

10 Riederle, Wer wir sind und was wir wollen, Pos. 3198ff.

11 Manfred Spitzer: Digitale Demenz. Wie wir uns und unsere Kinder um
den Verstand bringen, München 2012, Kindle E-Book, Pos. 2760

12 Wilhelm von Humboldt: Ideen zu einem Versuch, die Gränzen der
Wirklichkeit des Staates zu bestimmen, in: W. v. H.: Werke in fünf
Bänden, Bd. I, Darmstadt 1980, S. 64

13 Peter Sloterdijk: Du mußt dein Leben ändern, S. 36ff.

14 Schiller, Über die ästhetische Erziehung, S. 617f.

15 Karl Marx: Ökonomisch-philosophische Manuskripte (1844), MEW,
Erg. Bd. 1, S. 517

16 Karl Philipp Moritz: Werke in zwei Bänden, hg. von Jürgen Jahn,
Bd. 2, Berlin und Weimar 1973, S. 263

17 Moritz, Werke, Bd. 2, S. 280